图书在版编目（CIP）数据

行走京西/魏宇澄著.--北京：北京燕山出版社，2019.8

ISBN 978-7-5402-5425-4

Ⅰ．①行… Ⅱ．①魏… Ⅲ．①北京－概况 Ⅳ．①K921

中国版本图书馆CIP数据核字（2019）第184517号

行走京西

著　　者	魏宇澄
责任编辑	贾　勇　王　迪
封面设计	汪要军
责任校对	岳　欣
出版发行	北京燕山出版社有限公司
社　　址	北京市丰台区东铁营苇子坑路138号
电　　话	010-65240430
邮　　编	100078
印　　刷	三河市灵山芝兰印刷有限公司
开　　本	710mm×1000mm　1/16
字　　数	220千字
印　　张	15.5
版　　次	2019年8月第1版
印　　次	2019年11月第1次印刷
定　　价	40.00元

版权所有　盗版必究

XING ZOU JING XI

行走京西

魏宇澄 著

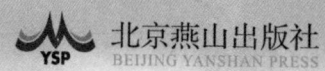
北京燕山出版社
BEIJING YANSHAN PRESS

序

我和魏宇澄相识于2016年,转眼间已三年有余。见她的第一面,就觉得这个人似曾相识,这也许就是人们常说的一见如故吧。

记得那一年,也是现在这个时节,刚入秋,在《中国文物报》做编辑的我因为文缘版组稿,四处寻找优质作者及稿源。

无意之中在邮箱里发现了一篇稿《青春十年,留在了博物馆》。行文流畅清新又有朴素真实的感情在里面,非常适合当时的文缘版,但全篇两万多字,需要联系作者删减成适合报纸刊发的篇幅,于是,我拨通了作者魏宇澄的电话。

经过沟通得知,《青春十年,留在了博物馆》字数虽然多,但是她一气呵成的文章,对于魏宇澄而言,很难割舍。

最终,《青春十年,留在了博物馆》没在文物报刊发,而她的另一篇《京西的线型文化遗产与永定河文化》,发表于2016年9月30日的《中国文物报》上。

有时候,缘分就是如此奇妙,现在想来,宇澄在《中国文物报》上经我手发表的第一篇文章,竟是和京西的文化遗产有关。

和她相熟之后,我才知道,原来早在2004年,她就开始关注京西的文化遗产保护了,京西古村落的保护、相关的文化,她都有所涉猎。

宇澄在《中国文物报》上发表的文章，有一多半和京西的文化遗产有关，足见她对京西文化遗产保护的关注与热爱。比如，有介绍京西非遗项目的《元宵节话太平鼓》；有介绍京西文化的《正月十五京西的古幡盛会》；还有完整记录戒台寺大修始末的《十二载风雨的考验》。

这些年，她相继出版了《北京古村落记忆·门头沟》《门头沟古村落建筑装饰文化》《京西太平鼓》等与京西相关的著作，如今的《行走京西》是她的第四本有关京西的书。

特别值得一提的是，这些书里的图片，都是她自己一张张拍摄的，那一幢幢房屋、一片片砖瓦，以及古村落的变迁，都被她的镜头一一记录了下来，成为研究京西文化遗产十分珍贵的第一手资料。

跟宇澄认识的时间越长，越发觉得她是一个做事情非常认真，搞研究一丝不苟的人。无论是写文章还是写书，都追求极致与完美，不光是在学术问题上反复查阅资料，文字上也是反复斟酌推敲。明明早已评上副研究员了，却虚怀若谷，不时拿来自己的文章，让我们这帮朋友一起品鉴。

近些年，国家对文化遗产保护事业的重视程度与日俱增，文化遗产保护事业的公众普及工作做得越来越好，我们能够在更多的媒体渠道中，看到成百上千年来，人类所创造的珍贵的文化遗存。

与之一同曝光的，还有很多为了这项事业默默无闻的工作者。他们的心中有一份对文化遗产保护这项事业最纯朴的热爱，一路上，可能没有鲜花与掌声，却义无反顾地贡献着自己的青春年华，他们是一群可爱的人。

在魏宇澄身上，我也能看到这种源自初心的热爱……

《中国文物报》收藏鉴赏专刊原主编
神笔老马良运营工作室创始人
马怡运
2019 年 9 月 20 日

自 序

说起来还是在我读高中的时候，有20多年了，妈妈的朋友送了一本书《胡同九十九》。这本书是99张北京胡同的黑白摄影，配上99篇知名作家回忆胡同的文章。书里精湛的黑白摄影，独特的视角，都令我震撼！我对这本书爱不释手，如获至宝。时至今日，这本书依然收藏在我的书架上。

后来，私家车走入了百姓家庭，便利的出行成为可能。2003年，我参加工作来到首都博物馆。首都博物馆是一座北京地志性的综合博物馆，定位致力于收藏、研究和展示北京地区的历史文化。正是这样的契机，并受到《胡同九十九》这本书的启发，我萌生了拍摄和记录北京古村落的想法。2004年，我用相机记录下第一张古道、第一张永定河以及第一张古村落的照片，等等。

当时拍摄的第一个古村落——门头沟区冯村正在拆迁，正在经历着城市化进程。我用镜头记录下了最后拆迁中的冯村面貌。剥落的古村门联、老宅的砖瓦废墟与林立的吊车、正在拔地而起的新社区在照片中并存。

图1：2004年的戒台寺进香古道（刊载于2008年《北京日报》）

图2：美丽的永定河畔

图3：永定河与桥

图4：2004年的冯村

图5：2004年的冯村

随着我的拍摄记录和时间的流逝，一些村子渐渐地消失了，或者正在消失着。后来我有一次在国家大剧院听台湾的音乐制作人叶云川讲他试图演绎1400年前敦煌古乐谱的经历，他讲到一句话："什么叫珍贵？就是这个东西消失了，不可复制，无法再现，叫作珍贵。"而我拍摄和记录北京古村落，深感共鸣。全世界范围内，保护和传承传统文化都是难题；保护和抢救历史文化遗存，是世界性命题。

当然，这本书叫《行走京西》。之所以是京西，是因为随着拍摄，我把镜头和研究聚焦在了北京的京西地区，京西地区地处山区，历史面貌保存得最好。还要必须提及的是，我有幸结识了永定河文化研究会的张广林会长，并且由他而结识了围绕在他身边，活跃在永定河文化研究会的一群才子能人。他们打开了我的视野，让我不仅仅把研究聚焦在古村落，还扩展到建筑装饰、非物质文化遗产、永定河文化，等等。在与张广林会长愉快合作的十余年时间里，我先后出版了《北京古村落记忆·门头沟》《门头沟古村落建筑装饰文化》《京西太平鼓》。这些加深了我对京西这片土地的了解，也让我为京西的风土人情、历史文化而感动。

《行走京西》是将这些年来的拍摄、记录、研究结集成册，既收录了十余年前的文章，也有最新的研究成果。对于人杰地灵的京西地区丰富的历史文化而言，这本书依然显得粗浅、单薄。

感谢我的家人，多年来陪着我四处奔波、考察！有时为了拍连成线的大雨，或是为了雨后的晚霞，我们在乌云密布、暴风袭来的时候出发；有时为了拍雪景，我们开着车在结满冰雪的山路上……正如本书封面照片，这一幅大雪中的琉璃渠村文昌阁门楼，照片中打着黑伞，提着包，走在风雪中的人物剪影，正是我的母亲。当时大雪纷飞，琉璃渠村整条主街行人罕迹，正因为母亲的陪同，有了这样一幅生动的古村落雪景照片。一路走来，故事还有很多很多……非常感谢！没有家人的支持，我的拍摄就是不可能完成的任务。当然也感谢张广林会长多年来的支持和信任！

  2019年春节刚过，我们又为拍摄"七九河开"的永定河，来到了门头沟的三家店老街。跨越15年，在2019年的照片里，我们欣喜地记录了三家店老宅和街区里的摩拜共享单车与快递小哥。老村变了，这是滚滚的时代发展大潮为古村和老街注入了新鲜内容。

图6：2019年的三家店村

图7：2019年的三家店村

2019年是新中国成立70周年，在此祝愿祖国母亲永远年轻！欣欣向荣！

魏宇澄
二〇一九年于首都博物馆

目 录

第一章

珍珠湖 …………………………………………… 001

在城市的那边
　　——谈北京古村落保护 ………………………… 003

门头沟古村落遗珍 ………………………………… 014

北京古村落名字里的学问 ………………………… 039

第二章

门头沟冬日 ………………………………………… 049

门头沟的砖头、木头和石头
　　——谈北京古村落的传统建筑装饰 …………… 051

门头沟的传家宝
　　——再谈北京古村落传统建筑装饰 …………… 068

第三章

古道 …………………………………………… 081
沿河城的敌台 ………………………………… 082
京西的线型文化遗产与永定河文化 ………… 083
试析京西煤窑契约涉及的股份制与货币制度 … 098

第四章

十二月花名
（门头沟流传的京西太平鼓绳歌儿）……… 123
从《中国岩画展》谈京西太平鼓溯源 ……… 125
谈非物质文化遗产京西太平鼓的保护 ……… 143
元宵节话太平鼓 ……………………………… 157

第五章

永定河的礁石 ………………………………… 163
潭柘紫石砚　父子两代缘 …………………… 165
把千年古刹戒台寺完好地留给下一个千年 … 178
京剧名家与门头沟 …………………………… 203
永定河文化的快乐传播者 …………………… 217

第一章

珍 珠 湖

层层叠叠的山峰

铺满了层层叠叠的绿色

层层叠叠的排浪

落满层层叠叠的金阳

几只小船

穿过彤云下安静的木桥

木桥横卧着

勾连起湖这边的树林　和湖那边的村庄

没有人说得清　这里有多少古老的传说

只有珍珠一样的湖水　缠缠绕绕着青山

流淌着珍珠一样的眼波……

2009.8.24

在城市的那边
——谈北京古村落保护

古村落是村民世世代代从事生产生活的聚居地,是自然环境与人类需求千百年来相互交融的结晶。每个古村落都有独特的历史印迹,是物质文化遗产与非物质文化遗产的载体,渗透到中国的历史,是中国历史的一部分。

保护是历史的需要

在中国漫长的历史发展中,北京曾先后是东周时期燕都、金中都、元大都和明清两朝帝都。今天,北京城市的面貌日新月异,正以充满活力的身姿迈向国际化大都市。

北京的古村落因北京特殊的历史地位而具有其独特性,它体现了北京的历史脉络,具有不可再生性,其历史价值与文化价值将随着时间的流逝和北京的现代化发展而不断突显和增值。

保护北京古村落,将有效地保留北京的历史文化特色,是对北京历史名城历史资源和文化信息的丰富和完善,也将为挖掘和拓展北京历史名城的价值内涵提供广阔的发展空间。

然而,经济的崛起和农村城镇化的发展进程加剧了现代文明对传统村落文化的蚕食,许多古村、古镇在旧村改造、村镇治理和建设的过程中被损毁和拆除,城市经济的高速运行，也促使人们更为重视城市的规划建设。北京古村落保护刻不容缓。

留住古村记忆

自海拔2303米的最高峰灵山起，俯瞰相对低势的东南，五大水系看尽北京地带的春夏秋冬。这样的地理，这样的气候，影响着北京古村落的形成与发展。北京古村的历史之久、自然之奇、建筑之美……于点点滴滴间为古村标下了生动的注脚。

1. 一方水土养一方人。

位于延庆的碴底下村，坐落在距今1.4亿年的中生代侏罗纪红色砂岩"单斜构造"地貌旁。该地貌是由于地壳运动，水平岩层直立翘起，其后在风力作用下，形成了一排排书剑似的山峰，被当地人称之为"天书崖"。而延庆的干沟村，隔着清丽的白河与14亿—17亿年前海水波痕活动留下的中古沉积岩"海相波痕"遥相辉映。古朴的村庄融入奇特壮观的地质环境之中，是其他地区的古村落所罕有的。

在京西，遍藏乌金的群山之中，深藏了三家店—琉璃渠—王平口这一"煤炭之路"。途经的圈门，每年腊月十七，举行盛大的祭祀活动。圈门也因此成为京西煤业的发祥地。清代，政府特在此处设立机构，管理京西煤业事宜，圈门地区逐渐发展繁荣，村户人口日益壮大。

2. 建筑从来都是北京古村落的精髓。

讲究门第之别的门楣、雕花各异的门墩、硕大"福"字的影壁，辟邪的"泰山石敢当"……融中国传统文化、地方民俗和古代建筑特色于一身，是祖先劳动与智慧的结晶。

最著名的就是川底下村了。川底下四面环山，坐落在北侧缓坡之上，依山而建，层层升高，共有四合院70余套，占地面积一万余平方米，现有住房500间。村子分上下两层，高低错落，线条分明。上下层间被自东向西的弧形大墙隔开，

图1：碴底下村单斜构造地貌

图2：碴底下村

图3：白河

图4：海相波痕地貌

图5：圈门

图6：川底下

石墙高达 20 余米，上下村之间有天梯相连。全村俯瞰似"元宝"形，又像周易中的八卦图。

村子的建筑以清代四合院为主，也有明式风格。全部建筑可谓集砖雕、石雕、木雕于一体，形态各异，如喜鹊登枝、吉祥如意等。村子的地面由青石和紫石铺就，寓意"平步青云"和"紫气东来"，体现了村民精心的设计与美好的寄托。

3. 深厚的历史积淀使得北京的古村落具有浓郁的人文历史气息。

雁翅镇北的碣石村，村里随处可见不同时期的字画，"秀水奇峰""祥光瑞气""革故鼎新"的题字，粉壁题诗"什锦赋"，还有记录"大跃进"和"文革"时期的壁画。

千年古村灵水，人杰地灵，有崇尚文化的遗风。灵水自古读书人多，做官人多，经商人多。在中国科举制盛行的明清时期，灵水不断有人考取功名，曾出过 2 名进士，22 名举人，民国初年有 6 人毕业于国立燕京大学。村中至今依然完整地保存着几户举人宅第，小至一两进院落，大至五进院落。今天的灵水村，已经找不到举人的后代了，据说早已搬走。但严谨治学的文化传统在灵水村传承下来，每逢春节，家家户户都题写春联，翰墨书香溢满古老的小村。

4. 独具特色的民俗民风，千百年来代代传承，也是北京古村落的一道风景线。

门头沟的庄户和千军台至今保留着京西古幡会的习俗。这种京西特有的幡会形式起于明代，专为庙会而设，据说历史上在上、下清水，东、西斋堂都有这种幡会活动。每年农历正月十五、十六，幡旗招展，姹紫嫣红，穿插有杂技表演。幡旗也有学问，各路神仙齐聚，不仅有财神、土地、龙王等，还有今天已不多见的煤窑神、眼光娘娘等。幡队在行进时，还有音乐班演奏固定曲牌的幡乐，幡乐在门头沟西部山区也已传承了四百余年，具有曲目老、乐班老、乐器老、艺人老的特点，乐器主要有铙、钹、单片锣、单皮鼓、唢呐等。队伍浩浩荡荡从庄户村走到千军台，绵延几里地。

柏峪，位于斋堂镇，素有古戏之乡的美誉。村中无论大人小孩，均都熟稔梆

图7：灵水村

图8：灵水村龙王庙

图9：门头沟幡会

图 10：门头沟幡会上的古幡乐演奏

图 11：柏峪村

子戏、燕歌戏、蹦蹦戏等。据村民讲，以前从正月初一到初五在本村唱戏，一连五天五夜，歇人不歇场。从初六开始，走到别处唱。

5. "皇"字深植在北京的历史中，融汇在北京的血液中，也烫在北京古村落的记忆中。

闻名世界的十三陵，是世界上占地面积最大的皇家陵墓建筑群。从1409年开始营造，直至1644年明朝灭亡，建有明代13位皇帝的陵墓，其中最早的长陵，距今已有500余年的历史。十三陵周围相继发展起共12个村落，都是以陵墓的名字命名，如长陵园、泰陵园、康陵园等。今天，村民几乎都是守陵人的后代，他们安乐祥和地生活。当年的金戈铁马、大兴土木、朝代的更迭、从辉煌走向末路恐怕都只能从书中寻找扣人心弦的踪迹，只有每个村中的古树，好像村中最年长的一位老人，见证了皇陵，见证了古村的兴衰变迁。

拿什么拯救你——古村

1. 借鉴国内外已有的古村落保护成功经验。

联合国教科文组织先后通过的《威尼斯宪章》《关于保护历史小城镇的决议》《关于历史地区的保护及其当代作用的建议》《保护历史城镇与地区宪章》等一批重要的相关文件，其中规定了"从历史、艺术或科学角度看，其建筑的形式、同一性及其在景观中的地位，具有突出、普遍价值的单独或相互联系的建筑群"列为被保护的文化遗产，并明确了保护的重要性和原则。

国际社会对于保护历史性建筑的宝贵建议和相关法规，对于北京保护古村落，结合自身特点提出合理化建议，制定相关保护性法律法规，都是很好的参照。

2. 普查古村落文化遗存，梳理造册。

通过查阅地方志等文献资料，走访群众，深入农村，对古村落的文物古迹、古树名木、河道水系、地貌遗迹等资源进行普查，获得第一线索，并将普查结果登记造册，纳入城镇总体规划。对于有典型特征，携带丰富历史信息的村落，由市文物、规划、建设主管部门评审后，经政府批准公布为市保护古村落。掌握充分的第一手资料，还可以为制定相关保护法律法规作准备。

3. 发展古村旅游，弘扬古村文化。

旅游开发除挖掘经济价值外，特别应注重的是挖掘古村落的文化价值和历史价值。可以考虑全面保护古村，逐步建设新村。这样古村落作为民居建筑，其原有的居住功能将得到削弱，以达到抢救和保护古村落物质文化和非物质文化遗存的目的。同时，对古村落进行开发利用，增加其旅游、展示、教育和宣传的功能。

4. 建立"文化特区"。

在世界经济越来越频繁的交往中，我国顺应历史潮流，于1980年建立了深圳、珠海、汕头、厦门四个经济特区，配套以特殊的政策，吸引资金、技术、人才和管理经验，经过十几年的努力与实践，特区带动国内经济的进步，成为我国改革开放的窗口，取得了举世瞩目的成就。

借鉴经济领域的经验和模式，我们可以考虑移植到文化领域，建立"文化特区"，划定旧村，开辟新村，进行原地保护，由政府给予政策和资金的支持，比如建立生态博物馆，由公共权力机构和当地居民共同经营管理和维护古村落，从而把古村落保护起来，把它携带的历史信息永久地传承下去，留给后人教育与启迪。

参考文献：

1.《北京市门头沟区志》，北京市门头沟区志编纂委员会，2002年10月，53页、613—617页。
2.《门头沟民间故事集》，门头沟文化丛书编委会，2001年，中国文联出版社，108页、156页。
3.《中华文化画报》2003年1期，83—87页。
4.《中国地产市场》2004年1、2期。
5.《中国地产市场》2006年6期，21—25页。

门头沟古村落遗珍

在北京西部门头沟的青山绿水之间，星罗棋布地散落着大大小小的村庄，每个村庄都像是一部书，村里的古树、石碾、老井，还有那一砖一瓦，一草一木……都仿佛将村庄的历史娓娓道来，展现着村庄被时光雕刻的印记。而在这些村庄特有的充满浓郁乡土气息的见证物背后，还隐藏着村庄悠久的历史、古老的民俗、美丽的传说，以及村民们一代一代的繁衍生息与他们的悲欢聚散。这些有形的和无形的物质文化遗产与非物质文化遗产，交织在一起，连缀成片，而成为门头沟的一张名片。在这里，特别拣选出八个有代表性的门头沟古村落，予以展示，它们是门头沟历史的一部分。

京西的布达拉宫——川底下

川底下，是门头沟不得不说的村子。它位于门头沟斋堂镇，是北京保存最完整最有名的明清古村落。

川底下旧名"爨底下"，得名于明代军事隘口"爨里安口"，后改为"川底下"。

全村百姓都为韩姓，现已繁衍至第17辈。相传他们的祖先是在明朝从山西迁移至此聚居。韩姓人家不仅带来商贾贸易和与河北、山西、内蒙古等地交流的繁荣，也把山西精巧的民居建筑艺术带到这里，使这里的建筑成为北京古村落的典范。

图1：川底下

图2：川底下

川底下村依山而建，70余户院落，显然经过了整体的规划。一道东西向的弧形砖墙将整体院落隔开为上下两层，中间有陡峭的天梯相连。整体建筑布局严谨和谐，错落有致，穿过对面的山上挂满红叶的树丛俯瞰，村子似"元宝"。

民居多以标准的四合院建筑为主体，在使用上有着严格的等级划分。位于村落最高点的院落，是古村四合院中等级最高的，也是全村最年长的人居住的地方。走进如意门，脚下地面的两块石板，一块青石寓意"平步青云"，一块紫石寓意"紫气东来"，体现了主人的社会地位和建造房屋时的独具匠心。

川底下的民居建筑，吸收了山西民居精美的雕刻艺术，砖雕、石雕、木雕集于一体，屋脊、脚柱石、门墩石、门窗、影壁等处，每一个细节都是文章。四季花卉、珍禽瑞兽，寓意吉祥富贵、喜鹊登枝、如意绵长，是村民对美好生活的纯朴寄托，也是民俗风情代代传承的文化载体。

全村整体建筑与自然环境浑然一体，蓝天、白云、青山、古村，堪称"京西的布达拉宫"。

风雨琉璃渠

门头沟琉璃渠村，背靠九龙山，面朝永定河，依山傍水。它的名字源于元代在此设置琉璃局，以专门烧制琉璃而得名。

琉璃渠村周围盛产烧造琉璃所用的主要原料坩子土和煤炭。这一得天独厚的资源，使其成为出产琉璃的主要地区。自元代起，几百年的时间里，琉璃产业几经沉浮，琉璃渠这个小小的村庄是这一历史的主要见证。

元代中统四年（1263），琉璃渠设立了琉璃窑场，专门烧造素白琉璃瓦。元朝在北京定都，修建的宫殿、园林、佛塔等所需的琉璃，一部分就是由这里烧造。

图3：琉璃渠过街楼

图4：琉璃渠村春节

明代定都北京后，随着城里琉璃厂逐渐演变为繁华的市区，修建宫殿所需的大量琉璃瓦是从琉璃渠烧造的。琉璃渠的窑场一时兴盛发达。

到了清代，朝廷颁发琉璃渠执照，"窑商收执如沿途遇有前阻等情即将执照令其验明放行毋得迟误"，从而给予了琉璃渠窑场特殊的地位。清代的皇家园林工程，如圆明园、承德避暑山庄等所需琉璃，都是由琉璃渠的"琉璃窑赵"烧制。窑主"琉璃窑赵"的第16代孙还受封顶戴花翎，成为显赫的皇商。

辛亥革命后，随着时局动荡，连年混战，琉璃渠的窑场陷入停顿。1931年，一些烧造艺人自发重建窑场，但工艺落后，基本都是手工作业，产量低迷。

中华人民共和国成立10周年之际，兴建"十大工程"，琉璃渠再次承接了琉璃瓦的供应，窑场增加了新的设备，工人也迅速扩编，琉璃渠又一度兴盛忙碌起来。然而之后的"文革"，又使琉璃渠的生产陷入低潮。

20世纪70年代末期以来，文化逐渐走向繁荣，百花齐放，古建筑的保护工作也得到越来越多的重视，琉璃渠又一次迎来了春天，琉璃的生产规模逐渐扩大，产品经销海内外。

村子里，1995年修复的乾隆年间的过街楼，坐西朝东，有黄绿色的宝象、宝瓶琉璃顶，遨龙、脊兽琉璃构件和琉璃牌匾，在风风雨雨中历尽了沧桑。

大山深处的碣石村

来到门头沟的雁翅镇，一路盘山，转过十八道弯，展现在眼前的，便是大山深处的千年古村——碣石村。

碣石村的水井多，传说有72眼井。村口就把守着一眼刻满岁月痕迹的辘轳井，旁边放着村民的大花搪瓷脸盆，里面用井水泡着衣物。现在村子的山上山下，屋舍庙宇，许多井都被保留下来，为村民生活、生产所用。

图5：去往碣石村的山路

图6：碣石村

019

碣石村的壁画多。徜徉在这个只有50户人家，却古老悠久的村巷中，随处可见不同历史时期的壁画题字。"秀水奇峰""祥光瑞气""革故鼎新""鸿禧"，1958年"大跃进"时期的宣传画，还有"文革"时期《毛主席挥手我前进》的壁画。这些壁画不仅使小村弥散着浓浓的文化气息，也留住了小村穿越历史的脚印。村子里两株古槐旁，还有一面墙壁，留下这样的题字："此二槐树，千年也，乃村中之风水。它们有着神奇的传说。历史曰：明朝崇祯年天乃大旱，颗粒无收，天下大乱，生灵涂炭。古槐显神灵。"村民用这样的方式，记录下对古槐神树的敬意与歌颂。

碣石村的雕刻多。在这里可以看到方形格、菱形格、步步紧、灯笼框、万字文、寿字纹等纹饰的窗棂，还有荷花的脊饰，富贵牡丹的戗檐砖雕，都体现了传统民居精美的建筑雕刻艺术，也是民俗文化的一个侧影。

碣石村的故事多。相传碣石村与相距不远的珠窝村原是一个村，以炼银出名，还流传着这样一句顺口溜："碣石的土，珠窝的沙，一两炼出一钱八。"当时家家户户都炼银，生活富足，女人都喜欢佩戴银饰，骡马的脖子上也挂着银铃。又有传说讲，碣石村原是消失的三岔村，是元末明初时的三位朝廷命官看中了这里的风水，带着家眷在这里安家落户。还有一些传说讲述了村里曾经辗转过皮影班，以及正月十五赏灯的年节习俗。

走访一位村民的家里，看到他们正在包饺子。墙边一个朱漆木柜上，摆放着毛主席的白瓷半身塑像，描绘着天安门的搪瓷水杯。墙上还挂着一面20世纪60年代纪念南京长江大桥修建的镜子。历史感油然而生。

现在村子里新铺了柏油马路，实行村村通邮。这将是一座桥梁，一头是远离尘嚣的小村，一头是灯火霓虹的都市……

图7：碣石村壁画

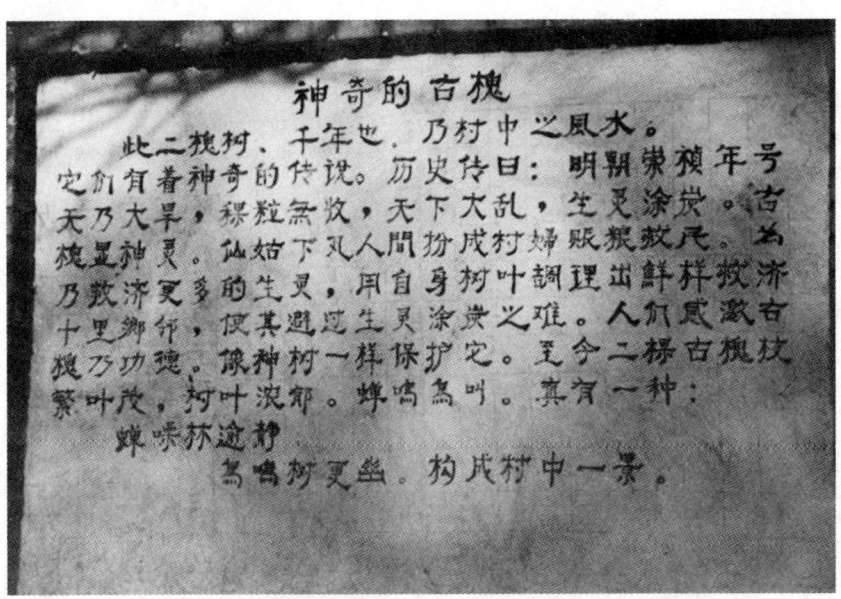

图8：碣石村壁画文字"神奇的古槐"

021

图9：碣石村壁画文字"革故鼎新"

图10：碣石村壁画文字"祥光瑞气"

图11：碣石村村民

翰墨飘香话灵水

灵水村，位于门头沟的军响乡，与莲花山毗邻，形成于辽代。村中保存了大量明清时期的民居，还有古庙遗址和古树名木。她的一砖一石、一草一木，无不蕴藏着千年的历史信息。

相传在科举盛行的明清时期，灵水村不断有人考取功名，曾出现了刘懋恒、刘增广等22位举人，2位进士。民国初年，还有6位考上了国立燕京大学。因此，灵水村又被称为"举人村"。现在，村中依然可以看到几户完整的举人宅第，小至一两进院落，大至五进院落，建筑讲究，砖雕精美，都得到了完整的保存。

灵水村西，有一座南海火龙王庙，建于金代，明代重修。龙王庙主殿已荡然无存，唯山门屹立，砖瓦都已松落、斑驳，有吻兽，中有刻匾"南海火龙王庙"。庙前的两株千年古树，一株"柏抱榆"和一株"柏抱桑"，遒劲的枝丫顽强地伸向天空，经历过雨雪风霜，还仍然吐露出青枝。

村西北，还有一处灵泉禅寺的遗址。灵泉禅寺是灵水村有文字记载以来的最早寺庙。在明《宛署杂记》中，还可以找到关于描写灵泉禅寺的片段，让人依稀浮想寺庙当年的规模与繁盛。现在，遗址上只有山门一座，野草丛生。还有两株古银杏，其中一株是雌雄同体，煞是奇观。每到秋高气爽的时节，古银杏树落满金黄，成为灵水村的一道风景。

现在的灵水村人，继承着严谨治学的文化传统。据村民讲，这里人人都写得一手好字。逢年过节，家家户户都亲手书写春联，翰墨书香飘满整个小村。村里还流传一首顺口溜："灵水的嘴儿，清水的腿儿，东西胡林长流水儿，军响水碾出金子儿，桑峪蚕丝成大捆儿，还有煤窝的山药子儿……"其中说的，正是灵水村出文化人，能说会道。

图 12：灵水村

图 13：灵水村

图 14：灵水村

图 15：灵水村的井

灵水村还开辟修建了灵水小学，为村里孩子的教育提供了条件。在这个千年的古村落里，朗朗的读书声，又带来新的希望。

正月十六的庄户和千军台

古村落保留的习俗，被人们代代传承。这些习俗，折射出祖先们生活的态度和习惯，折射出祖先们的文化心理和意识形态。它是一部活的历史，是古村落丰富的非物质文化遗产。

门头沟的庄户和千军台就保留着京西古幡会的习俗，已经延续了几百年。今天的人们，依然可以看到正月十五、十六，古幡会就在这两个村子轮流上演。相传，这种京西特有的幡会形式起于明代，有说是从庙会演变而来，也有说是去娘娘庙进香时的仪仗。历史上，在门头沟的上、下清水，东、西斋堂都曾有这种幡会活动。原发生于庄户、千军台和板桥三个村子的古幡会，经过了传说中的一场村子之间的纠纷，在庄户和千军台两个村传衍下来。

每年农历正月十五，一大早，庄户村便幡旗招展，姹紫嫣红，穿插有杂技表演。村子里的耍幡能手全都穿戴整齐，会聚一起，等着一展身手。幡旗也有学问，19面幡旗立会，8米高的粗竹竿上悬挂绸旗，其中旗面长达5.5米，宽0.8米，有红、蓝、绿、紫、粉、黑六色。每幡是一位相应的神祇，不仅有财神、土地、龙王、观音、玉皇等，还有门头沟当地特色的煤窑神和今天已不多见的眼光娘娘。

幡会表演正式开始后，幡手高擎幡旗，边走边耍，一路浩浩荡荡，绵延几里地，从庄户村向千军台村进发。这里的男子，据说自小就要学习耍中幡，耍得好的才出人头地。村里有不成文的规定，无论出嫁的女儿还是离家的游子，这时候都要回到村里。还有慕名而来的学者、摄影家、游客等人头攒动，一路追随。

幡队在行进时，还有音乐班演奏固定曲牌的幡乐，幡乐在门头沟西部山区已

图 16：千军台幡会

图 17：耍幡

图 18：耍幡

图 19：幡会和观看人群

图20：千军台古幡会参观人群

图21：幡会上的孩子买糖葫芦

有四百余年的历史，多以口传心授的方式传承，具有曲目老、乐班老、乐器老、艺人老的特点。表演形式分吹奏乐和打击乐。吹奏乐器主要有笙、管、唢呐、笛等，打击乐器主要是铙、钹、单片锣、单皮鼓等。幡乐的代表作是《柳公宴》《焚火赞》《颜回三省》《秦王挂玉带》。

到达千军台村后，锣鼓喧天。舞狮队、秧歌队、小车会、跑驴、挎鼓等又开始登场，寄寓了传统社会中的人们普遍怀有的朴素感情和愿望，如感念众仙，驱邪避灾，祈求风调雨顺、五谷丰登，庆祝合家团圆。千军台村的老老小小都出来看热闹，村子里是一片节日的欢声笑语。

正月十六，幡队再从千军台村回到庄户村，一年一度的古幡盛会才告结束。

宗教色彩的桑峪

桑峪，包括前桑峪和后桑峪，相传是因为历史上的这里以植桑养蚕而得名。

在11万年前，桑峪的土地上就有了人类生产生活的足迹，是门头沟的文明发祥地之一。

随着一位背着一筐蔬菜的老人，我们开始了桑峪之旅。

前桑峪村前，屹立着一座过街楼。端详其样貌，大约是经过重新修建的。过街楼坐北朝南，黄色琉璃瓦顶，正中有匾额前书"紫芝"，背书"凝瑞"。

走进过街楼，便是前桑峪村了。街巷干净整洁，屋舍多是年代并不久远的，没有古民居的踪迹。只是这些屋舍，也按照规整的四合院格局，有雕花的佛龛，"福"字的瓦当，方形格的木窗棂，门框上挂着长长的一串火红的辣椒，院子里堆着金黄的一筐老玉米，炊烟袅袅地升腾向清爽的天空，农家的味道很是浓厚。

街巷中还有一个小过街楼，灰砖砌成，形制简单。两只小猫在过街楼的墙根下，懒洋洋地晒太阳。

沿街巷往北走，就到了后桑峪村。一座尖顶屋脊的教堂耸立在村子的正中，

图22：桑峪村

图23：桑峪村过街楼

带给我们无限的诧异与惊喜。没想到这样一个静默的小山村，也成为传教的落脚处。

听老人讲，在元代，西方的传教士就以行医为名来到了这里。教堂是明代修建的，名为"耶稣圣心堂"。后来随着历史发展，教堂又进行重修和扩建，便成了今天我们看到的样子。教堂大门的正上方有匾，书写着"万有真源"。虽不甚了解其含义，但肃穆之感油然而生。教堂内是一排排红色的长条木桌，厚厚的《圣经》摆放在桌子的一角。教堂内当天没有什么活动，村民寥寥，窗台上白瓷的圣母玛利亚坐像，慈爱安详。

教堂外，在街巷中一路迤逦，便看到一个铁艺的栅栏门，上面写着"上天之门"。这就是通往桑峪的后山——圣母山的路了。拾级而上，道路曲折，十四个十字架在每一拐角处引领，象征着耶稣十四难。走到山顶，蓝天下，看到慈爱安详的圣母玛利亚处在花团的簇拥中。

我们也都默默地，检点言行，生怕打扰了虔诚的村民，打扰了这个传奇的肃静的有着西洋色彩的京西小山村。

石门营村的刘鸿瑞宅院

石门营村有一处民国时期刘鸿瑞的宅院，建筑完整而精美。2003年，我们择机前往，敲开了刘鸿瑞老宅的大门。

在石门营村口两棵粗壮的古槐掩映下，是刘鸿瑞宅院高高的门楼、宽敞的院墙，以及翘起的蝎子尾，青砖灰瓦间洋溢着大家气派。

刘鸿瑞宅院由南北两处四合院组成。北宅里东西并列两套院，东院正房面阔三间，进深一间，两侧都有耳房。东西厢房各有三间，倒座南房三间。所有的房屋都坐落于青石基之上，前出廊，有垂带踏步。西院与东院大致相仿，院内相通但各自独立对外有门。如今的宅院已无人居住，喜欢养鸟的守门人在房子的廊柱

图24：刘鸿瑞宅院

图25：刘鸿瑞宅院

图 26：刘鸿瑞宅院

图 27：刘鸿瑞宅院

上挂着一排鸟笼，鸟儿婉转的叫声给寂寞的宅院平添了一分生机。

南宅为两进四合院。门楣雕刻精美而繁复，黑漆木门上刻有楹联"山河新气象，诗书旧家声"，保存十分完整。比起北宅，南宅则热闹了许多。我们造访之时，正有一个剧组进驻，在此拍摄，工作人员挤满小院，好不热闹。

刘鸿瑞两宅的门前都有抱鼓石，门楼、屋脊、影壁、戗檐都有精致的砖雕，其中包括人物故事、吉祥花草、珍禽瑞兽以及博古纹等内容，寄托了主人美好的愿望，也显示了主人的社会地位。

刘鸿瑞，1925年中国大学法律专修科毕业，曾任国民党宛平县第五区区长、新一区区长兼保卫团团长、全国商联会理事、北平警备司令部门头沟办事处设计专员。1948年他当选北平地区商业团体"国大代表"，被聘为蒋介石政府宪政督导员，曾代表北平工商界参与北平和平解放的谈判。如此身份，也难怪有这样的住宅了。

现在，刘鸿瑞院门口树立了标志门头沟区文物保护单位的标牌。村民们来来往往，偶尔驻足闲聊；也有卖糖葫芦的，推着自行车，吸引了一群孩子在此经过，但都早就习以为常了。

千年老街三家店的殷家大院

在门头沟永定河畔三家店村，有一处殷家大院，创建于清代咸丰年间，是一组保存完整、建筑精巧的四合院，已被列为北京市文物保护单位。

殷家大院的主人祖籍山西青州府，迁至三家店已十几代，是三家店老街上的旺族。殷家代表人物殷海洋，1924年曾担任北平市总商会会长。

查阅相关资料，殷家大院主体占地3000余平方米，建筑面积1048平方米，房屋70余间，大门14座，可谓门户重重，院院相通。殷家以经营煤炭为主，所开办的天利煤厂也设此地，百年不衰，是门头沟煤业发展的见证。整个大院集生

图 28：殷家大院封侯挂印影壁

图 29：殷家大院

活、经营于一体，构思巧妙，布局严整，功能合理。

中院是殷家居住的院落，三进院落，36间房屋。院门临街，门前有瑞兽门墩，门楣上有砖雕被黄泥覆盖，显得低调收敛。院落内，前院与二进院之间有一门楼，向外一侧的门楣砖雕为松鼠葡萄，寓意多子多孙，非常精美；向内一侧的门楣砖雕为骏马奔腾，很是壮观。后院是殷家长者的居所。在院子的东南角有一大门与天利煤厂相通，门楼雕刻华丽，技法高超，除有常见的瑞兽、花草、博古等图案，还雕刻有一组人物的商旅图，堪称经典。

煤厂的大门宽阔无门槛，便于运输往来，是典型的"大车门"。《北京市门头沟区志》记载，历史上的煤厂内还曾设有钱庄，负责天利煤厂日常业务的收支和经营，同时也服务于三家店的大小商号，现已为普通民宅。

西院是煤厂工人的居住场所，门楼相对简洁。

三家店是门头沟水陆交汇的商贾重镇。这组建筑庞大、精良、严整的院落，也伴随着老街三家店，经历风风雨雨、起起落落，以及历史的浩劫，是三家店重要的注脚，也保留了殷家励精图治、兢兢业业、发展振兴的创业历程。

北京古村落名字里的学问

在北京周边的大山深处，掩映着一座座村庄。这些村庄保存着丰富的历史、古迹、传说、风俗……它们的名字也是千奇百怪，无所不有。村名是人们在生产、生活和日常交往中约定俗成的一种语言符号，而约定俗成的村名背后还藏着鲜为人知的学问。

以建筑物命名 门头沟斋堂镇北白铁山上，有灵岳寺村。村内有一座古刹，叫灵岳寺，相传始建于唐贞观年间。古刹的中轴线上有山门、天王殿、释迦佛殿，两厢为18间配殿。辽代，古刹被重建，称"白贴山院"，金时方得名"灵岳寺"。现在还可在寺内寻到"时大清雍正11岁次癸丑季夏吉日，时修前殿三楹……"的题记，记载着灵岳寺重修的变迁。灵岳寺村，就是以村内的建筑而得名的。

平谷有白云寺村。村内有白云寺，《平谷县志》记载，"距城三十里，居中山之间。南五里至黑豆峪寨，邻蓟县界，东至东岭，北界长城，西连山谷，奇峰叠耸，高者岈然，低者洼然，望之皆深秀蔚然。寺中有古柏五株，苍翠参天。寺前有泉，咽而不流，取之不竭。山四围草木丛茂，春夏间山鸟争鸣，野芳竞秀。入寺中，其幽僻清静之趣，令人心神冥合，万虑皆空，诚异境也，寺创自金皇统四年，重修于明弘治十二年，清初加修补云。"

类似的还有房山的万佛堂村、常乐寺村、天开村；延庆的东红寺村等。

图1：灵岳寺

以文物古迹命名 在门头沟永定镇石佛村的村东山崖上，坐西朝东，有明代摩崖造像群，16龛，18尊造像。佛龛分为圆形、穹顶长方形和葫芦形三种。佛造像经过专家研究，分为前后两期，面相、衣纹等风格不同。题刻的文字大多剥蚀难辨。《日下旧闻考》记载，此处为永庆庵旧址。摩崖造像题材有释迦牟尼像、阿弥陀佛、药师佛、文殊菩萨、普贤菩萨等。它由一条古香道连接，与不远处的戒台寺有着密切的联系。石佛村的村名，便因这些石碑刻物而得。

昌平的十三陵举世闻名，是明代13位皇帝的陵墓，是世界上陵墓建筑保存较完整、埋葬皇帝最多的墓葬群。围绕着十三陵，相继发展起12个村落，都以陵墓名称命名，如定陵村、茂陵村、泰陵村等。

以历史上的机构设置命名 门头沟琉璃渠村，原名琉璃局，因元代在此设置琉璃局，专门烧制琉璃而得名。自清乾隆开始，皇家园林所需琉璃件，均出自琉璃渠村的窑场。琉璃渠有过街楼，坐西朝东，供奉文昌等三官，上有黄绿色的宝象、宝瓶琉璃顶，遨龙、脊兽琉璃构件和琉璃牌匾。出土的《琉璃局文昌东阁记》碑载："神京西五十里许，有琉璃局者，以烧琉璃著名也。由王朝景、赵邦庆等首倡集局民共仪，众人踊跃称善，捐资鸠工。庀材垒石为台，构木为门，下辟洞门便行人也，不数月阙工。阁之上，东向供奉文昌、三官足以消除灾祸也。"琉璃渠的身份不言而喻。

门头沟石厂村，得名于明代朝廷在石厂村设立采石场，开采质地优良的青石。明代众多重要建筑均使用石厂村的石料。有明代碑文记载："石匠头一千名，雇募夫役头一千五百名，营卫官军士两千名。"可见其规模。当地设立督办采石的衙署，并有东西过街楼，石厂村由此而来。

图2：石佛村摩崖造像

图3：石佛村摩崖造像

图4：琉璃渠

图5：石厂村

图6：石厂村

以历史故事命名　门头沟齐家庄有一个范良坟村，相传与孟姜女哭长城的故事有关。当年，孟姜女寻夫，顺着长城边走边哭，在洪水口突然城墙塌陷，露出一具尸骨。孟姜女咬破手指，把血点在骨头上，辨认出这是自己的丈夫范喜良。于是，她便央求当地的村民将丈夫安葬。好心的村民在一处高坡将范喜良掩埋，可是孟姜女思念丈夫，天天在坟前祭扫，扫墓的清水流出一里多地，人们就称其为江水河。于是，有了范良坟村，而村下约一里多地，就是江水河村。

以民间传说命名　斋堂有两个相邻的村子：牛战村和白虎头村。

相传很久很久以前，牛战村有一头大公牛。这头牛又高大又壮实，性情温顺，每天忙着耕地、拉车，村民非常喜爱。农闲时，村民便把它独自放到山坡上去吃草。

一年秋天，不知从哪里来了一头老虎，村子失去了往日的平静。老虎在村子里横行霸道，祸害牲畜。大公牛发现了老虎的存在后，便想帮助村民保卫村子。于是在人们放它去吃草的时候，它便去和老虎打架。可是一连几天，没有分出胜负。村民们发现了这件事后，便想出了一个办法。他们在牛角上绑了两把磨得锋利的尖刀，又把牛像往常一样放出去吃草。牛一见到老虎，便勇敢地冲了上去。老虎还来不及明白，就被牛角上的尖刀刺死了。村子恢复了安宁，村民们都很感谢这头牛。

可谁知，死去的老虎被另一个村子的村民剥下虎皮，晒在了石碾上。一天大公牛外出吃草时，看到了石碾上的虎皮，以为老虎没有死，便憋足了力气，狠狠地顶过去。可怜的牛重重地撞在石碾上，死去了。从此，村民们为纪念这头牛，便把村子取名牛战，而另一个村子叫败虎头，后来随着变迁，败虎头村又取谐音，被称作白虎头村。

图 7：白虎头村

图 8：牛战村

图 9：牛战村

除了上述有关村名的丰富素材，村子的命名方式还有很多，比如以植物命名，房山有松树村、杨树村；以姓氏命名，有房山的张坊、蔡庄、鲁村和门头沟的冯村；以附近地理环境命名，如门头沟的爨底下村，房山的十渡村；以方位命名，如门头沟的东胡林村、西胡林村，延庆的上花楼村和下花楼村；以历史人物命名，如密云的令公村等。

古村落还常常以庄、坊、屯、堡、寨命名。这些是自古代沿袭下来，并流传着这样的规律：屯寨边缘县，官庄连成片，铺堡伴驿道，集镇店相连，作坊挨市镇，小庄星满天。

屯，汉代以来，历代皇帝为了取得军队给养和粮税，大量利用士兵和农民垦荒种地，因而产生了军屯、民屯。这些屯田具有组织性强，耕种面积大，耕作方式先进，产量高的特点。北京有房山的元武屯、门头沟的岢屯等。

庄，东汉以来，皇室贵族和官僚地主都占有大量土地，并设立了庄园组织。后来这些庄园又分化为皇庄、官庄、地主庄园和寺院庄园等。庄园的所有者将土地分给佃户和雇工耕种，流传下来。庄在北京非常多，比如房山区就有富庄、高庄、黄辛庄、蔡庄等。

寨，起自宋代，是边远地区的军事单位，一般都是豪强地主和官府镇压农民的军事组织，有的在后来发展为武装割据势力。北京有昌平的黑山寨村，以大黑山下明代的边关寨口得名。平谷的寨比较多，如小辛寨村、熊儿寨村等，多集中在明长城内外，或沿长城的地方，原是明代兵营的驻扎地。熊儿寨村相传北有石筑寨墙，南有校军场，东有拴马的晾马山。目前村北面残存寨墙，长30余米，高1.5米。

坊，原指市场的特定设置。宋代，随着社会经济的繁荣，商业上出现了油坊、磨坊、酒坊。后来以坊命名的村落相继出现，是资本主义萌芽的反映。北京的这一类村名很多，如海淀的马坊、昌平的羊坊、房山的张坊。

集，随着历史上农业和手工业的发展，农村出现了定期的集市。今天的集，

图 10：上花楼村

图 11：三家店

多是古代集市所在地的沿袭，后来又逐渐发展为镇和店。平谷有金海湖镇的靠山集村。门头沟的三家店，至今保存着商业的繁荣，留下的商贾大宅建筑精美，被列为文物保护单位。延庆还有千家店。

堡，又叫铺，本是驿站。元代每10里、15里、20里设立"急递铺"，与驿站相辅，用于军事文书的传递。清末出现邮局后，铺逐渐被废除。北京的延庆保留着苗家堡、榆林堡、郭家堡、张伍堡等。

综上所述，古村落的名字，是自然环境、人类社会与文化的反映，携带着大量关于古建、古迹、民间传说等的历史信息，其中很多具有较强的纪念意义，很多表达了村民们善良纯朴的寄托，而还有很多，我们尚不完全清楚……现在，人们越来越多地开始对古村落进行保护与研究，希望这些村落的名字与村名背后的学问，也像古村落一样，活得久，活得长。

参考文献：

1.《昌平百科全书》，2003年，解放军出版社。
2.《平谷文物志》，2005年，民族出版社。
3.《北京市门头沟区志》，2002年，北京市门头沟区志编纂委员会。
4.《北京市房山区志》，1999年，北京出版社。
5.《中华文化画报》2003年1期。
6.《浅析村名的命名方式与文化》 www.sydm.gov.cn
7.《村名勾列出封建社会发展的缩影》www.q.sina.com.cn/jxzhlj

第二章

门头沟冬日

天空沉默着

沙哑地灰

大山沉默着

枯瘦地黄

树沉默着

脚下踩着白皑皑的雪

河水沉默着

缓缓流向沉默的村庄

它们都在倾听　春的消息

2009.2.26

门头沟的砖头、木头和石头
——谈北京古村落的传统建筑装饰

传统的建筑装饰艺术是依附于传统的建筑而存在的,传统建筑是先民生存的场所、生活的空间,而传统的装饰艺术是在满足人们生存生活的同时,使审美和精神得到满足。装饰本身没有生命,但这些材料——砖头、木头、石头,通过加工可以多姿多彩和灵动地表达人们的思想情感,承载人们的美好追求。传统的装饰艺术所表达的主题内容同我国传统文化,特别是本地区的民俗文化、价值观念及当时的政治、宗教、信仰等有直接或间接的关系,是其必然的反映。

门头沟地处京西山区,有180多个自然村,主要形成于明清时期。据《北京市门头沟区志》的记载,其中清水、齐家庄、斋堂、胡家林等早在辽代就已成村,还有一批元代成村的村落,明代村落达到140个。至今仍然保留着古村风貌的村子有50多个,是北京最集中的古村落群。门头沟古村落传统建筑十分重视建筑装饰,木雕、石雕、砖雕等装饰艺术广泛应用,这些装饰不仅具有实用价值,同时体现朴素的感情和积极的文化寓意,有很高的观赏价值、艺术价值。不少建筑集三雕于一体,虽经岁月的侵蚀,却依旧意趣盎然。

一、门头沟传统建筑装饰的主要类型

门头沟古村落的传统民居,以明清四合院为主体,坐北朝南,青砖灰瓦,具有严谨的空间秩序，因山区平地有限，更注重设计和规划，因地制宜、错落有致。门头沟古村落主要分布于深山，远离京城，但其建筑却注重装饰和文化，建筑装饰的类型有砖雕、木雕、石雕、彩绘、壁画等诸多方面。

砖雕　中国的砖雕经历了数千年的发展历史，陕西曾出土西周晚期的空心砖，在春秋战国时期就出现了带有纹饰的花砖。我国的晋陕地区，安徽、江西、宁夏、甘肃以及北京、天津等地的古民居有经典丰富的砖雕遗存。北京是明清两代的都城，皇室的辉煌使北京的砖雕进入了鼎盛时期，其中北京四合院住宅是砖雕艺术的优秀代表。门头沟的村落里砖雕应用普遍，纹饰题材广泛，雕刻风格有的古拙粗犷，有的细腻精致，有的简约，有的繁复，给没有生命的建筑注入了灵动，使其多姿多彩，其内容丰富，工艺精美，一点也不逊色于京城胡同的砖雕。

砖雕的主要手法有浮雕、透雕、圆雕等，砖雕装饰的主要部位有墀头、门楼、屋脊、博风头、影壁，以及山花、院墙等。

砖雕装饰离不开瓦当，秦砖汉瓦，是我国传统建筑的文化概念。瓦当具有遮挡固定檐头瓦件的实际功能，又有美化屋檐、屋脊的装饰功能，是历史上颇具盛名的建筑材料，同时又与砖雕相依相随，是砖雕的组成部分，在北方房屋装饰中不可缺少。门头沟古村落的瓦当包括滴水构件，遗存相当丰富，纹式多种多样，古朴美观，有花草、动物、文字等。花草类以各种莲花纹的瓦当为主要形态，兽头以狮、虎、猫的造型较多，文字有各种变形的"寿"字、"福"字、"延年"等，还有蝴蝶纹、人面纹、龙纹、蝙蝠纹等。瓦当在传统建筑装饰中与砖雕相得益彰。

石雕　在传统建筑中石雕是装饰工艺的瑰宝，在皇室、寺庙等大建筑中尤为突出。颐和园里的石坊长36米，船身建有两层，雕梁画栋、精彩无比，象征清朝政权永不覆灭。皇宫内栏杆、踏步、石狮、各种龙纹等处处显示着威严至上。南方的一些古村落有大量富有雕刻的石牌坊遗存，甚至形成气势恢宏的牌坊群，一类是记录功名忠义的牌坊，一类是贞节牌坊，其雕刻的精湛和数量之丰富令人惊叹。门头沟民间建筑大多是就地取材，主要是门前枕石、角柱石等重点部位，这些部位的装饰在整个建筑中往往起到了画龙点睛的作用。

在京城和民间的石雕中，狮子的形象是广泛的，不同形态，不同场合，宅院门口都可见到，天安门、故宫、颐和园等地也可见到高大威武的狮雕，但狮子已不再是皇宫的特权，这是和龙所不同的。门头沟古村落中的独立于大门之外的狮子石雕主要应用于寺庙的门口和民宅门前的门枕石上，而且多是在门枕石的上部的趴狮。

在京西古村落中还会有一些石雕的物件，比如拴马桩和泰山石敢当，这些物件往往是注重实用，石材有的经过打磨造型规整，有的完全按原有的形状不做任何打磨，雕上字样或凿上孔即可，造型简单粗犷，迥然不同，有的立于门口一侧的地上，有的嵌在门口的外墙上。少数讲究的人家把石敢当雕上边框，拴马桩雕成传统吉祥造型。

石雕的雕刻的技法主要是平雕和浮雕。

木雕 传统建筑多为砖木结构，在中国建筑装饰中木雕艺术相对砖雕、石雕都显得更加精致，内容更加丰富。在被列为世界文化遗产的安徽宏村和西递，以及南方许多古村落，梁、柱、门、窗都是木雕的重要载体。在宏村的承志堂前厅的横梁雕有宴官图，厅里的四个立柱上分别是渔、樵、耕、读的画面，中门上方雕有百子闹元宵，后厅横梁雕有郭子仪献寿、九世同堂图等，人物惟妙惟肖，画面气势恢宏。有的村落的祠堂仅木雕就花费几年的时间完成。在北方，门窗是木雕的主要载体，包括大门门框上的门簪、门罩等。无论是王府大院还是平民百姓之家，门窗都是不可缺少之物，人们可以不设门枕石，可以不雕墀头，但不能没有门窗。门头沟古村落的门窗采用材料多种多样，门窗作为整个建筑的一部分，不仅在功能上是组合需要，在风格上门窗和建筑物也形成和谐完美的搭配。木雕加工灵活，木雕的主要手法有透雕、深雕、浅雕、线雕等，这些手法在实际操作上并不是完全单独使用，截然分开，而是根据内容和要求，兼而有之。

壁画题字 壁画题字实际上都是以建筑为载体的文化的一种表现手法，为传统建筑增添了精神内涵，表达了主人的意境。

　　门头沟古村落的壁画题字在建筑装饰中占有一席之地，古诗词，古人座右铭、山水、文字等。山区的村民虽然远离都市，生活条件艰苦，却视文化为荣耀，崇尚文化之风处处可见。村民喜爱把一些文字书写在房屋的外墙、影壁等明显的位置，台上村一个宅院大门的过道有1905年书写的张思叔座右铭，虽经百余年，字迹仍然清晰。沿河城一户人家将古诗词以壁画的形式绘在大门过道的墙壁上："清明时节雨纷纷，路上行人欲断魂，若问酒家何处有，牧童遥指杏花村。"一句诗词一幅画，山水、行人、牧童，形象生动。苇子水一家民居的后墙题写王勃的《滕王阁序》，几经沧桑已经斑驳，但大部分字迹依然可以辨认。如今人们仍然有这样的习惯，一家村民为表达盖起新房的心情，在门前的影壁上书写了"精打细算托党恩造就幸福宅，勤劳俭省靠群朋建起子孙堂"。壁画在寺庙发挥到了极致，门头沟灵水的灵泉禅寺、下苇店龙王庙、三家店龙王庙等寺庙都有彩色壁画，三家店的墙壁上有完整的彩色的龙王行雨图。

　　碣石村更是喜画好字，在村落的主街道上有20世纪60年代的壁画；也有《主席挥手我前进》的巨幅画像；在一侧的胡同里有更早时期的巨幅题字灵光瑞气、革故鼎新；在村头的古碾旁有一面墙上记录了村子发生的大事，走进村民的家中，家家都有吉祥的题字。

　　各种丰富的文化内容，吉庆祥和的词组，形形色色的壁画和传统的建筑相融合，人们从中可以领略历史的变迁、文化的深邃和民俗与民风。

二、门头沟传统建筑装饰的题材

　　木雕、石雕、砖雕、壁画是人们传统文化观念、审美观念，宗教、信仰，经过艺术手法表现出来的物化形态，在门头沟古村落人们把诸多的民俗文化、道德趋向、希望期盼，集中展现在每一个所要装饰的对象上形成作品。人们使用的材料大体是一致的，但装饰的作品几乎没有完全一样的，装饰渗透了主人的思想、情趣、审美、追求、期盼。

木雕、石雕、砖雕、壁画所利用的材料不同，表现的内容、图案会有所侧重，装饰的部位也有所侧重，但主要题材多是吉祥富贵、引导教化、驱邪镇灾、祈福纳祥，有少量题材是世外桃源的闲情逸致。

在封建社会人们崇尚儒家思想忠、孝、仁、义，这是社会的道德标准，在生活中希望富贵祥和，追求福、禄、寿、喜、财，期盼在这些装饰中都淋漓尽致地表现出来。因此，可以说各种装饰的图案是图必有意。传统装饰的题材主要有花卉、植物、果实、祥瑞动物、人物、几何图案与文字等。

花卉、果实、植物类

这是在各种装饰中最为多见的纹饰。门头沟的传统民居花草、果品、植物类的装饰十分普遍，使用的花卉、果品、植物的图案或组合图案非常广泛。主要有：莲花、牡丹、菊花、水仙、兰花、梅花、大丽花、葵花；佛手、石榴、桃、柿子、葡萄、苹果、稻菽；竹、松、万年青、灵芝、葫芦、瓜类等。在花卉中牡丹、荷花、菊花、梅花使用得最多，民间公认牡丹是富贵之花，称菊花为寿菊，葵花象征多子，荷花出淤泥而不染，是圣洁的象征，荷花也称莲花又结莲蓬，被赋予了更多的寄托。梅花在有些南方地区是忌讳的，因梅和霉是谐音，但松、兰、竹、梅，历来为文人雅士所追捧，是气节、品质的象征，被称为四君子。门头沟在石雕、木雕、砖雕中都有梅花，有的与其他四季花卉相媲美，有的是同喜鹊构成喜上眉梢的寓意。

在门头沟的装饰中用上述纹饰组合的图案很多，在此仅举有代表性寓意的纹饰介绍如下：

四季花卉：梅、兰花、菊花、牡丹、水仙。

福寿三多：由佛手、桃子、石榴组成的纹饰，象征多福、多寿、多子。

万年平安：由花瓶和万年青组成。

图1：三家店影壁富贵花篮壁心

事事如意：由柿子和如意组成。

荣华富贵：由牡丹和荷花或牡丹和花篮组成。

连生贵子：由莲花、莲蓬和笙组成。

祥瑞动物类

在我国有些动物形象是民间所神化的，而且是在人们心中非常神圣的，被广大民众所接受的，如龙、凤、麒麟等，它们是能呼风唤雨，给人们带来幸福的神灵。这些动物在门头沟的传统建筑中都有出现。龙在我国被认为是最神圣的，我们都自诩为龙的传人，中国龙纹并不是随处可用，而是有严格的限制，龙纹自古就是皇宫的特权，龙纹是皇权的象征。门头沟的龙纹雕饰主要体现在寺庙的砖雕或琉璃装饰，屋脊、墙帽、瓦当等处，形象体现威武和力量。在百姓的民居装饰中则通常出现拐子龙纹饰，少了威武，象征吉祥。

凤凰：是传说中最美丽的大鸟，百鸟之王，百鸟朝凤题材在刺绣、音乐、各种装饰中都屡见不鲜，不曾衰败。在门头沟古村落的装饰中，凤凰的纹饰出现在窗户、门神龛的边框、影壁的岔角和墀头的戗檐部分，既有木雕也有砖雕。凤凰通常与祥云相伴，或与牡丹组合，民间称凤喜牡丹，凤凰纹寓意美好和幸福。

喜鹊：喜鹊在民间非常受欢迎，喜鹊叫喳喳，定有喜事到我家。喜鹊在门头沟的装饰中不受材料的限制，既有木雕，也有石雕和砖雕。但喜鹊往往与梅花组合，寓意喜上眉梢、喜鹊登梅。

蝙蝠：在传统建筑装饰中是不可缺少的，在任何部位都可出现，与很多题材都可组合。福到眼前、福寿绵长等，这源于祈福纳祥，是民间最为广泛的题材，同时蝙蝠与遍福谐音，使这一貌不惊人的小动物飞入千家万户。蝙蝠为中国民间所广泛喜爱，不论南方还是北方，上至朝廷下至百姓。颐和园是当年为慈禧60寿辰而建，在园子里体现福、寿的题材非常多，既有五福捧寿，也有象征万寿无疆的九只蝙蝠的雕刻。

图2：杜家庄鹿鹤同春山花

仙鹤：中国民间认为鹤是仙禽，性情高雅、千年长寿。朝廷要的是江山社稷，在皇宫陈设有铜鹤和铜鹿、铜瓶，寓意六合太平；民间在装饰中木雕和砖雕比较多，门头沟则主要是在墀头、影壁等处的砖雕，一般是鹤与松树组合，寓意松鹤延年，鹤与鹿、松组合寓意六合同春，欣欣向荣。

鹿：鹿是民间传说中的祥瑞之兆，因此常常用于祝寿、祈寿，鹿、禄又是谐音，表达人们对厚禄财运的追求。在社会的各种层面、各种场合、各种材料的装饰中是最多的。门头沟的古村落，鹿的形象往往是身上有梅花，头上有角，口衔灵芝，体态悠闲，回首相望。

鼠：这是一个当今不受欢迎的动物，老鼠过街，人人喊打。在门沟古村落传统建筑装饰中，鼠却时常出现在显赫的位置，包括大门的门楣、房屋的屋脊，墀头的戗檐，影壁的边框等。鼠繁殖能力极强，在装饰中往往与葡萄、瓜蔓、松树相伴，寓意多子多孙、多子多寿等。

装饰中的动物非常多，麒麟、大象、蝴蝶、猴子、牛、马、羊、鸡、狗、獾、蜻蜓、鱼等，以这些动物和山石、树木、花卉、人物等图文的不同组合表达人们赋予的意愿。

博古类

博古纹是由铜炉、瓷瓶、如意、字画书籍等组成的图案，通常还有花卉、石榴、佛手、桃等一起组合。在北宋时期曾修成《宣和博古图》一书，共三十卷。后人把绘制铜炉、瓷瓶等纹饰称为博古纹。博古常用于官宦人家，有博古通今的含义。门头沟博古纹装饰在门头沟古村落三家店的殷家大院和石门营的刘鸿瑞大院都有使用。

图3：三家店博古纹门楣

图4：石门营樵夫门楣

人物类

人物出现在中国传统建筑装饰中，一是表达人们民俗生活的愿望，如吉星高照、渔樵同乐等；二是表现流传广泛、脍炙人口的历史故事、神话传说，以示景仰，表达情趣，如姜太公钓鱼、竹林七贤、孟母教子等；三是通过人物故事教化，训导，效法，表达宏远的抱负和理想，如桃园三结义、张良纳履等。人物因其工艺的复杂难度以及故事、传说的文化背景，在中国的建筑装饰中可以更加体现其文化的内涵，是较高装饰艺术的一个标志。在我国南方的一些古村落，人物雕刻是非常普遍的，故事完整，手法细腻，栩栩如生，主要以木雕的形式出现。

北方的民居与南方有很大的不同，木雕受到限制，效果受到影响，人物的雕刻也受到限制。门头沟的人物装饰题材主要体现在砖雕、石雕艺术上，和合二仙、张良纳履、农夫、樵夫以及市井人物、连生贵子等，题材不多却很生动。灵水村谭姓宅院，墀头上有一组张良纳履的砖雕，桥下有潺潺流水，在桥头有一端坐的长者，张良双手捧鞋，人物神情惟妙惟肖。

吉祥纹饰和符号类

八吉祥：八吉祥是由海螺、法轮、宝伞、白盖、莲花、宝瓶、鱼鼓、盘长等组成。八吉祥是法物。盘长是在门头沟村落中最受喜爱和最为常见的装饰纹饰，在房屋的脊饰，墀头，窗户、门枕石，甚至影壁的壁心无处不在，木雕、石雕、砖雕皆宜。盘长象征长久、永恒、连绵不断。北京雍和宫法物即明册曰："盘长：佛说环贯彻一切通明之谓。"[①]中国结是盘长现代的形象，象征吉祥和团结。

四艺图：指琴棋书画，在图案中由古琴、棋盘、画轴和书本组成。

暗八仙：是指传说中的八大仙人所持之物，如葫芦、花篮、扇子、箫、剑、荷花、渔鼓、玉板等。

传统吉祥纹饰图案：万字、回字、缠枝、云纹、水纹、山石、太极、如意、犀角、磬等。这些纹饰在各类题材中常常是用于衬托或用于边框处，特别是万字四端延伸，字字相连形成连锁花纹，寓意好事绵长。

图 5：双塘涧盘长砖雕

文字和颂辞类

装饰中用文字直接作为表达也是常见的,从字体上有的演化成更适合装饰的图案,像"寿"字、"福"字等,民间"寿"字可有百种之多。从内容上可分成三类:一是吉祥文字,如平安、吉祥、福、禄、禧、寿等;这些字经常单独使用,即可完整表达其含义,有时对称出现;二是颂辞、诗句,常用于门联、影壁和角柱石;三是警句、古文类。门头沟古村落远离都市,交通和生活都有诸多不便,但很多村庄的文化氛围却非常浓厚甚至令人吃惊,在村庄的重要场所井台边、碾坊里、宅院的大门、影壁或围墙上,都有各种各样的文字或记载。传统建筑上的文字装饰也比比皆是,无疑也是主人的文化素质的反映。

在门头沟的村落其装饰题材往往以象形、比拟、借喻、谐音等方式表达。有的直白朴素,表达追求平安、希望幸福的愿望,给人以安逸宁静的感觉,有的涉及佛教、易经、伦理哲学等内容,给人以启迪和思考。如:

谐音:鸡—吉;鹿—禄;莲—连;鱼—余;瓶—平;蝠—福等。人们通过谐音表达吉庆有余、福禄双全、连年有余、富贵平安等。

借喻:借牡丹表达富贵;借四艺图表示才华;借历史人物故事示效法和弘扬。

比拟:以梅、兰、竹、菊比拟君子品行,以鸳鸯荷花比拟夫妻和美等。

象形:在传统装饰中人们用瓜、带子象征延绵不断,用石榴、葡萄、松子等象征多子多孙等。

图6：张家庄福字脊饰

图7：上清水村戗檐

三、门头沟传统装饰的建筑载体

门头沟古村落传统装饰的主要载体是民居、寺庙、公共设施（包括戏台、过街楼、茶棚）等。

寺庙 门头沟几乎村村都有寺庙，有的村落不止一座。寺庙建筑独具特色，是历史文化、建筑艺术的见证和载体，砖雕、木雕、石雕、琉璃、壁画、彩绘在这里集合，龙的造型装饰在这里不再受到限制，在很多村庄寺庙是古村落中最豪华的建筑，在门头沟一些最为精美的装饰作品就出在寺庙。

灵泉禅寺位于斋堂镇灵水村，坐北朝南，规模宏大。山门为砖石结构，歇山式，大脊有吻兽，垂脊有垂脊兽。券门上有石额，刻有"灵泉禅寺"的字样。内有天王殿、三世佛殿、三大士殿等，有砖雕、彩绘、鸱吻，从遗迹上可以看出曾经的辉煌和兴盛。东杨坨村朝阳庵，琉璃构件与砖雕相互辉映，脊端有精美的璃鸱吻，脊饰有大朵的立体莲花砖雕和大鹏金翅鸟砖雕，垂脊上有琉璃垂脊兽，整个建筑在村落里显得气势非凡。大村娘娘庙正脊两端鸱吻高耸，大脊上二龙戏珠的大幅砖雕颇有气势，戗檐上的砖雕是松鼠葡萄，博风头是极为少见的松树和鹿。在齐家庄的灵严寺，斋堂的灵岳寺、宝峰寺，台上村、马栏村、黄岭西村、石厂等村落遗存的寺庙旧址也有处处折射往日鼎盛的各种装饰精品，荟萃了建筑艺术、文化艺术的精华。

戏台 戏台是中国古建筑中一种独特的建筑形式，主要是民间酬神、娱乐的场所。在村落里并不是都有建造，戏台一般和寺庙相邻，娱乐活动与庙会相伴，在一些较有影响的寺庙，规模较大的村落戏台是不可缺少的。门头沟保存较好的戏台有灵水龙王庙戏台、张家庄戏台、大村娘娘庙戏台、沿河城戏台、圈门窑神庙大戏台等。圈门窑神庙大戏台创建于明代，由前后台两个部分组成，台口有木制透雕腾龙祥云构件，前后台之间有精美的木雕隔扇，墀头有砖雕戗檐。圈门大戏台就在圈门窑神庙的庙前,是为祭祀窑神保佑窑工平安的。门头沟自古盛产煤炭、石灰、琉璃,因此民间有敬奉各路窑神的习俗,圈门窑神庙供奉的是煤窑的窑神,每年祭祀时戏台演戏三天。

门头沟的戏台有的建在村头,有的建在村中,往往紧邻寺庙或与寺庙相对而建。张家庄、马栏、大村等设在村的一头,沿河城则设在村子中间部位,由于戏台都建在台基上,高于周围的建筑,成为村子里的一道风景,戏台周边有寺庙、井台、碾坊等,空间比较开阔,显然这也是人们交流的重要场所。

过街楼 过街楼是我国古代建筑中的一种形式,是古村落标志性建筑,是领域的象征,有些过街楼是城池的大门,起安全的保障作用,所以一般设在主要街巷、出入口的地方。在北京郊区密云的遥桥峪、令公村,房山的常乐寺村都有保存完好的建筑。门头沟的过街楼遗存数量多,风格各异。装饰最为精美的有圈门过街楼、琉璃渠过街楼。琉璃渠过街楼坐西朝东,建于清朝。过街楼下部为城台状,砖石结构,嵌有琉璃匾额,东是"带河",西写"砺山",城台两侧石刻"众善奉行,诸恶莫作"。城台上有殿堂,装饰有琉璃鸱吻、宝相花、琉璃脊兽,还有象驮宝瓶的造型,寓意吉祥太平。整个建筑装饰华丽,有很高的艺术价值。

门头沟过街楼比较典型的还有军庄过街楼、桑峪过街楼、台上村过街楼、斋堂过街楼、燕家台过街楼、阳坡园过街楼、马栏过街楼等,在北京地区遗存数量是最多的。

会馆 在我国很多地方都有会馆,这是人们交流和聚会的地方,是为了商业经营的需要。说到门头沟的建筑装饰不能不提到坐落于三家店村的山西会馆,会馆正殿六间,两厢配殿各三间,殿用黄琉璃瓦装饰,正脊有吻兽,在村落里十分显眼,这象征和当朝皇宫有密切联系。山西会馆在各地都有建造,在京城郊区只此一家。三家店位于门头沟的水陆交通枢纽,是过去山里进入京城的必经之地,商业十分发达,在此经商的有不少山西人。

民居 民居是各种建筑装饰最主要的载体,门头沟目前仍存有带有各种砖雕、木雕、石雕等装饰的古民居数百所之多，留下了丰富的物质文化遗产和非物质文化遗产。

传统民居保存比较好的村落有被评为中国历史文化名村的爨底下村、灵水村、琉璃渠村，以及被评为历史文化古街区的三家店。除此以外还有许多有特色的宅院，琉璃渠的赵姓宅院、灵水的谭瑞龙家族宅院，刘懋恒、刘增广等十几处举人宅院，三家店的殷家大院、石门营的刘鸿瑞大院、黄安坨的马家大院等都是其中的佼佼者，古朴典雅。

门头沟的传统民居保存比较集中的还有斋堂、清水地区的几十个村落，如沿河城、杜家庄、齐家庄、张家庄、马栏、燕家台、李家庄、台上村、台下村、碣石村、西胡林村、前桑峪村、西斋堂村、双石头村、黄岭西、黄安村、达摩村、小龙门村、双塘涧村等，这里的民宅以小三合院、四合院为主，其中不乏大型四合院，且都建造优良，以石雕、木雕和砖雕装饰，整体协调，在山水之间古朴别致。

参考文献：

①互动百科词条 http://www.hudong.com/wiki/%E7%9B%98%E9%95%BF

门头沟的传家宝
——再谈北京古村落传统建筑装饰

自2004年至2009年，我们用5年时间走访拍摄和调查北京的古村落。由于在拍摄过程中逐步地体会到，在北京地区，随着城市化的进程，周边很多村落逐渐消失，而在京西门头沟则较为集中完整地保留了明清以来的古村落。因此，我们将目光重点集中在了门头沟，不仅拍下它的大山、古村、古树、古井、老碾……还重点对门头沟古村落的传统建筑装饰文化进行了深入细致的研究。

一、门头沟古村落建筑装饰的重点

在门头沟古村落的传统建筑装饰中，重点主要有以下几方面：
1.门楼
在徽州民居中有"千金门楼四两屋"之说，可见人们对门的重视。门是门脸，是建筑的门面，是建筑与外界联系的出入口。过去门是主人等级地位和经济实力的象征。围绕门的装饰包括门簪、门联、门楣、门罩等。

门簪位于大门的上方，一般两颗或四颗，有圆形、六边形、四角形、菱形、花瓣形等。门簪的正面雕刻题材有吉祥文字，福、寿、吉祥、平安等词组。在门头沟一些古村落中，还有很少见到的题字门簪。比如灰峪村一户宅院两颗门簪分别是"一""善"，即一善压百恶的意思。还有另一户的四颗门簪写的是

"攸""往""咸""宜",表达了一种处世的心态。也有的门簪则是直接雕花,包括葵花、牡丹、葫芦等纹饰,比较讲究的则在雕刻的基础上涂抹油彩。

门联在北京民俗中,则与门墩、门雕一样,是北京胡同里的一"宝"。它将诗情画意与建筑情趣融于一体,借古喻今,规劝言志。门头沟古村落中,大门上典型的门联有"山河气象新,读书旧家声""春秋多佳日,瑾瑜发奇光""孝友征家庆,读书启世昌""忠厚传家久,诗书继世长"等。在灰峪村一个宅门上的门联,上联是"麒麟凤凰出处皆为是瑞",下联是"芝兰玉树芳馨自应家徽",横批"斗柄回寅"。

门楣是大门门框上方的横向构件;门罩是在门的上方与门同宽的木雕装饰。门头沟古村落中的门楣装饰主要是砖雕。在大门的门楣上使用万字纹图案是最为常见的,万字相连如人们所说"万字不到头",象征绵长不断。也在一些显赫的大院,门楣雕饰繁缛精美,四季花卉、珍禽瑞兽、市井人物、博古图、四艺图等有机组合。门罩在门头沟古村落里有很多遗存,纹饰主要有狮子滚绣球、富贵牡丹、福到眼前等,也有简单的网格纹,有的则漆上亮丽的颜色。在西胡林一处老宅的木雕门罩,由鲤鱼和莲花组成,莲花盛开,鲤鱼跳跃,寓意连年有余。

门枕石主要有抱鼓石和箱式方礅两种。在门头沟,抱鼓石数量相对箱式方礅要少。抱鼓石的图案以转角莲花最为常见,鼓上多有趴狮。特别值得一提的是,在牛战村还可以见到木雕的圆鼓。方礅纹饰以刻字最为普遍,也有正面为字,侧面则是吉祥动物或花卉。刻字的有吉、祥、鸿、禧、寿、福、禄等。侧面雕刻的吉祥动物主要是鸡、羊、鹿、鹤、牛、马等。当然也有牡丹、荷花等花卉图案。

2. 影壁

影壁是中国传统建筑中非常典型的建筑构件,门头沟以山区四合院为主,影壁是不可缺少的。影壁多是砖雕的,少数有石雕的。影壁有内外之分,门外影壁坐落于大门之外,实际在大门的对面,有一字式、反八字式、三滴水式、燕翅式等。门头沟的影壁多为门内影壁,外影壁在各个村落中也屡见不鲜,一些人的

图1：商旅图人物门楣

图2：台上村福字影壁

宅院都可看到，杜家庄、李家庄、杨坨、担里、上苇店、齐家庄、川底下、苇子水等，装饰相对简洁，壁心以文字居多。壁心分硬心、软心，硬心影壁用方砖斜拼磨砖对缝，正中刻有文字、花卉或吉祥图案；软心是将壁心用白灰抹墙写字或绘上壁画。影壁的四角也称岔角。门头沟的影壁软心、硬心都不少见，四角的岔角花都很精致，主要有拐子龙、凤纹、莲花纹等，最精美的当属三家店殷家大院的影壁，中间是盛开的牡丹，四角分别是三阳开泰、封侯挂印、鹤寿延年、松树和鹿的砖雕图案。

3. 窗

窗是建筑的眼睛，与建筑风格及整个建筑和谐一致。过去房子的窗是没有玻璃的，是用木棱条组成的木制窗格，糊上白纸，起到阻断空间和装饰空间的作用。木格的组合各式各样，有万字纹、灯笼框、盘长纹、步步紧、一马三箭等。门头沟以直棂窗居多，也有嵌上精致的花纹，如梅花、蝙蝠等，疏密得当，古朴雅致。在清水镇明代就已成村的两个村落，有比较精美的，由瑞兽组成的图案，一组是象征美满如意，寓意四世同堂的凤凰与祥云，以及狮子滚绣球的团花；另一组是鸡和鹿象征大吉大利，这是很少见的。

4. 博风头

博风头指山墙上部博风板与墀头交汇的砖雕装饰。门头沟古村落的博风头多姿多彩，有动物、花草及其他吉祥纹饰。有的图案复杂，小小的博风头涵盖了福、寿、吉祥等多种内容；有的则简单，以线描刻画出动物或花卉的轮廓造型即可。一枚铜钱、一朵小花线条简单，不失精美。太极图是门头沟古村落的博风头中常见的图案，人们认为太极是万物之本源，一生二，二生三，三生万物，阴阳平衡，太极纹饰能避免灾难。

5. 屋脊

屋脊高高在上，也是砖雕装饰最为突出的地方。门头沟古民居的屋脊一般有清水脊和皮条脊，装饰基本是砖雕。屋檐配以各式瓦当滴水，装饰多为花草

图3：达摩村狮子滚绣球木窗

图4：燕家台阴阳鱼博风头

图5：三家店盘长屋脊

和吉祥动物。清水脊两端有蝎子尾高高翘起，蝎子尾下点缀各式砖雕，压在蝎子尾下的花砖雕饰称平草，也有陡立的砖雕造型称跨草，更具韵味和立体感。跨草在屋脊的装饰中每一侧的纹饰往往不同，如一侧是菊花，另一侧是莲花或其他纹饰，一般装饰数量对称，或四组，或五组等。一些大的宅院，连排的两房之间用大块的砖雕相衔接，砖雕的图案有盘长、花卉、文字等，文字一般多为福、吉、禄、祥等。

6.门神龛

门神龛是供奉门神的龛位。大门上贴门神是中国民间的普遍现象，历史悠久，为的是驱邪以保门户的安宁。在门头沟斋堂、清水等地区的村落里，不仅可见贴门神，设门神龛也是其独特的现象。在百花山下的古村落有两户民居的门神龛，两侧雕有"早晚一炉香，晨昏三叩首"的字样，横联雕的是"供奉"二字。

门神龛一般在大门外的右侧墙壁上，青砖砌筑而成，有的简约，有的繁复。龛位是一个长方形的砖孔，宽和进深约有10厘米。简约的门神龛工艺是线刻或平雕，有的甚至是在砌墙时留一孔而已，但讲究的在门神龛周边有精美砖雕，在龛位的底部雕上盛开的莲花、牡丹，也有石榴、桃子等，门神龛四周雕有云纹、缠枝纹等。

7.墀头

墀头是硬山山墙突出于檐头的装饰部位，是砖雕艺术表现的重点。墀头上部的戗檐是一块垂直的方砖，是整个墀头中最抢眼的地方，雕刻也最精美。戗檐的砖雕内容一般是花卉和瑞兽图案，寓意吉祥富贵。讲究的在盘子底下还有垫花，垫花通常是丰满精美的花篮。门头沟戗檐砖雕有鹿鹤同春、喜鹊登梅、凤戏牡丹、鹌鹑荷花、松鹤延年等，戗檐上文字纹是不多见的，上清水村则有几处老房的戗檐是文字纹，而且是两个字组成的词组，有"百福""骈臻""山明"等。

此外，在灵水村和赵家台村发现了与众不同的墀头雕饰。灵水村3号的墀头，中部雕有细腻的人物故事；赵家台村的一个四合院，整个墀头通体有方框，方框内四角有角化，中间部位两侧分别是牡丹和莲花，独特简洁。

图6：杜家庄村门神龛

图7：花卉墀头

图8：台上村"诗书继世长"角柱石

8. 角柱石

角柱石是墀头最下方的部位，也叫墙腿石。墙腿石是最容易受到损害的构件，也是重点进行装饰的构件。门头沟的墙腿石都是就地取材，雕饰的内容百花齐放，两侧对称，主要题材有喜鹊登梅、牡丹富贵、连生贵子、一品清廉、四艺图以及文字图案等，也可见到琴、棋、书、画等纹饰。门头沟村落里在角柱石上雕刻的文字有"门庭清且吉，家道泰而昌""东壁图书、西院翰林""发福生财地、堆金积玉门""福如东海、寿比南山"等。另外还有不少角柱石雕刻的是几何纹，如万字纹等。

以上是门头沟古村落建筑装饰的重点内容，但实际上门头沟的建筑装饰之丰富，还不止这些。比如三家店的殷家大院、杜家庄村民居、上清水村民居等还可见到砖雕精美的山花等，在此不做详述了。

二、门头沟古村落建筑装饰的文化内涵

传统建筑无论是民居，还是王府；无论是寺庙，还是皇宫；任何建筑及其装饰都是人们的理念与追求的反映，任何有生命力的建筑都是有思想的建筑。

门头沟地区的古村落不少是明清时期沿袭下来的，中国传统文化在门头沟古村落的建筑装饰中得到了体现。这既包括政治制度，也包括审美观念、道德观念、伦理观念、价值观念、哲学思想等。大体上可以将门头沟建筑装饰的文化内涵归纳为两大点：第一，门头沟的古村落中儒家的忠孝仁义；佛教的因果报应；道家的阴阳等，在各种装饰题材与各种建筑载体中相辅相成，浑然一体，是中国传统思想儒、释、道的体现。

如门头沟地处京西，山地四合院因地制宜，延伸了京城四合院的灵魂，天人合一，崇尚自然，主次分明，对称和谐，尊卑有序，聚而不乱。

在门头沟民间有"先有潭柘寺，后有北京城"之说。被誉为天下第一坛的戒

台寺，京都第一寺的潭柘寺和金顶妙峰山娘娘庙都在门头沟。在明清两代鼎盛时期几乎村村都有寺庙，龙王庙、药王庙、关帝庙、娘娘庙、九圣庙、马王庙、窑神庙以及庵、观，不胜枚举。寺庙建筑是木雕、石雕、砖雕、绘画等建筑装饰艺术最重要的载体之一。

第二，体现了民俗文化，包括福文化、寿文化、和文化。寿文化的元素在古村落的建筑装饰中最为多见。各种图案和多种形式的表达反映了人们对生命的崇拜和希望长寿健康的寄托。在门头沟的民居中有许多艺术化的寿字，也有寓意长寿的鹿、鹤、蝴蝶、猫、梅花、松树、寿桃、菊花、灵芝、山石、暗八仙等，遍布民居建筑。

福文化的各种题材和纹样在建筑装饰中体现得更加丰富多彩。福字本身"一口田，衣禄全"，在农耕时代涵盖了人们对幸福的朴素理解和追求。代表性的纹样还有梅花、葫芦、蝙蝠等。梅花有五福之说，葫芦、蝙蝠是借其谐音，常与钱币、寿桃、牡丹、海棠、飘带、祥云等组合图案，寓意福寿双全、福到眼前、福从天降、福寿绵长、福寿如意、幸福吉祥等。门头沟民居中影壁的壁心、瓦当、门簪是直接使用福字最多的构件，民居的墀头、门罩等则多使用蝙蝠等。

和文化是中国文化中的重要组成部分，"和"字的寓意无穷，但在建筑中一般不是通过文字题材表达，而是通过其他众多题材表现。荷花在门头沟古民居的建筑装饰中是使用最多的一个题材，为众多题材之首。荷花有莲花之称，不仅莲与连谐音，同时荷与和、合谐音，与以和为贵，和气生财，家和万事兴的传统思想相契合，深得人们喜爱。反映"和合"内容的题材和图案不在少数，通过吉祥纹饰，表达夫妻和睦、兄弟和睦、家庭和睦、天下大同的理想境界。如和合二仙、和和美美、鸳鸯喜荷、鸾凤和鸣、六合同春、五世同堂、七世同居、九世同居等。

三、地域对门头沟古村落建筑装饰的影响

谈到地域的影响，这里特别提到一个概念，就是"线型文化遗产"。单霁翔在《从"文物保护"走向"文化遗产保护"》一书中提到了线型文化遗产的概念，即"拥有特殊文化资源集合的线状或带状区域内的物质和非物质的文化遗产族群，因其线状的分布和遗存的特性而称之为线型文化遗产"。"线型文化遗产的形式和内容丰富多彩，其中河流、峡谷、运河、道路以及铁路等都是重要的表现形式，大多代表了早期人类的运动路线，并体现着地区文化的发展历程，例如从早期的利用河渠运输，逐步发展到修建运河、公路及铁路。带状绵延的长城及周边的附属建筑、城堡、关塞、烽燧等，也属于线型文化遗产……"①

北京的母亲河永定河贯穿门头沟境内，佛教圣地香火鼎盛，寺庙众多，有通往山西、河北、昌平等地的古驿道、古商道，因历史上的战略地位关口重重，物产丰富，煤业、石灰、琉璃业、手工制造业发达。永定河、古香道、古驿道、古商道，东连京城，西往山西、内蒙古，成为门头沟古村落在历史上聚集、发展、兴旺的重要原因。这样的生活环境，也使门头沟古村落建筑形式、装饰风格体现出地域的特征和个性，既吸收了山西民居的特点，又受到京城民居的影响，同时带有山村的粗犷拙朴风格。

除了门头沟的交通运输，门头沟历史上物产丰富，工商业的发达也给当地的村落兴建提供了便利。琉璃渠村生产琉璃制品，所烧琉璃直接为宫廷建筑所用。元代时迁居琉璃渠并将工艺带到此地的山西赵姓人家，后人在光绪年间受封三品顶戴花翎。

三家店村是交通要道，商业运输发达，商贾云集、店铺林立，最多时有商户、作坊二百多家，有很多山西客商在此设立会馆，甚至有外国人开设的咖啡馆。布、粮、药、杂货、首饰、饭铺、缝纫、客栈、煤厂等经营，以及各种服务门类一应

俱全，天利、泰和、天成等煤厂经营达百年。

门头沟盛产煤炭，范围东起区界香峪大梁西至百花山，长约40公里，南北宽约20公里。不少村庄是以生产和运营煤炭为主，西山进京的路上运煤的车队络绎不绝，成为京西特有景象。旧时京西门头沟一带以运煤为业者达万余人，运煤牲畜万余头，形成许多运煤的大车户、骆驼户、饲草供应、客栈等。元代熊梦祥在《析津志》中写道："城中内外经济之人，每年九月间买牛装车，往西山窑头载取煤炭，往来于北新安及城下货卖，咸以驴马负荆筐入室，盖称其时……往年官设抽税，日发煤数百，往来如织。"这些都带动了门头沟村落的发展。

三家店村的殷家大院、琉璃渠村赵姓宅院、石门营村刘鸿瑞宅院、灰峪村的范家宅院，其当时的主人都是显赫一时的皇商或开办煤业、灰业的窑主、富商，这些住宅也成为门头沟古村落传统建筑的经典代表。

四、小结

随着城市化进程，古村落正以惊人的速度消失。北京郊区部分县区已完全没有了明清古村落，有的地方村落依然，但其韵味、气质、个性全无，不可再生，只能在书中寻找过去的记录。

山西的乔家大院、安徽西第宏村、江西婺源、湖南凤凰等地的开发，无论是对历史文化研究、建筑文化研究、民俗文化研究，还是开发旅游都有重要意义。爨底下是开发较早的村落，对门头沟古村落的开发有重要的示范作用。而一些地区重建、仿建的尴尬也给人以教训。

随着社会物质水平的提高，人们对精神文化的需求快速增长，对文化的需求为古村落在新时期的发展与保护利用提供了机遇。人们不仅看到了古村落的研究价值，也看到了它具有的旅游开发价值，开始重新认识古村落的民居、寺庙、古井、古树、老碾。当前人们对古村落保护的意识不断提高，但社会发展与文物的保护不能同步，政府对文物保护的重视程度与人们现实的利益以及期待尚存在一定的差距，这些都值得研究。

门头沟的古村落保留数量是最多的，就像大山深处的瑰宝。随着城镇发展越来越快，老村的风貌越来越少，历史资源将越来越珍贵。川底下、琉璃渠、灵水已成为全国历史文化名村，三家店村被评为历史文化街区，这些都得到整体保护，成为门头沟的宝贵财富。不仅如此，每一个村落的每一块花砖、每一枚瓦当、每一对石墩、每一副门联都是门头沟的传家宝。

参考文献：
①单霁翔：《从"文物保护"走向"文化遗产保护"》，天津大学出版社，2008年。

第三章

古 道

西风里摇曳的驼铃

载着丰饶的物产

缓缓地结队而行

不知疲惫地东来西往于故乡　和他乡

他们是些离家在外的生意人

从不留恋夕阳下升起的炊烟

他们总是在黎明前最早起程

绵绵延延的山道就是他们朴素的生活

一座座村庄接踵而来　又被一一错过

留守在曲曲折折的沿途

一段段商旅过客的悲欢演绎着

又渐渐淡去在漫漫征程

驼铃悠悠

只有那些枯枯荣荣的草丛中

深深浅浅的蹄印

镌刻下那沧桑的过往　日日月月　月月年年

2009.8.24

沿河城的敌台

你是一个哨兵

屹立在高高的山冈上

以山为城

以河为池

扼守咽喉之地

风吹日晒

斗转星移

岿然不动的身躯

风化成布满沧桑的残体

山河依旧

你一守就是几百年

你脚下的村庄也生生不息了几百年

如今　你倔强地耸立着年迈的身体

村庄却人烟辐辏　五业兴旺

听，那是孩子们的欢声和笑语

2009.8.24

京西的线型文化遗产与永定河文化

谈到线型文化遗产，人们耳熟能详的是中国北方的万里长城，西北五省的陆地丝绸之路，东部的海上丝绸之路，滇藏的茶马古道，贯通南北的京杭大运河等。

故宫博物院原院长单霁翔曾在有关文化遗产的书中提到过："线型文化遗产即指拥有特殊文化资源集合的线状或带状区域内的物质和非物质的文化遗产族群，往往出于人类的特定目的而形成一条纽带，将一些原本不相连的城镇或村庄串联起来，构成链状的文化遗产状态，真实地再现了历史上人类活动的移动，物质和非物质文化交流的互动，并赋予作为重要文化遗产载体的人文意义和文化内涵。"[①]

"线型文化遗产的形式和内容丰富多彩，其中河流、峡谷、运河、道路以及铁路等都是重要的表现形式，大多代表了早期人类的运动路线，并体现着地区文化的发展历程，例如从早期的利用河渠运输，逐步发展到修建运河、公路及铁路。带状绵延的长城及周边的附属建筑、城堡、关塞、烽燧等，也属于线型文化遗产。"[②]

在京西地区，门头沟的山山水水也有着属于自己的线型文化遗产。永定河、古商道、古驿道、古香道、古军道、西山大路、长城等，这些京西地区的线型文化遗产，也穿越了北京西部山区的历史，串联起星罗棋布的村落，哺育着生活在这里的人们和他们淳朴的习俗，都孕育了包括地质文化、水利文化、交通文化、古人类文化、古村落文化、宗教文化、军事文化、民俗文化等在内的独具一方特色的永定河文化。

一、永定河与三家店村的村落文化

"京西境内的最大河流永定河，源出于山西省的宁武县和内蒙古自治区的兴和县，全长680公里，流经山西、内蒙古、北京、河北、天津等五省、市、自治区，被称为'北京的母亲河'。永定河裹挟的大量泥沙淤积形成的北京冲积、洪积扇平原是北京城建立的地理基础。而永定河流域的水利、煤炭、建材、木材等则是北京城延续和发展的主要资源基础。"③永定河及其支流养育了京西地区远近散布的村落和集镇，也滋生了丰富多彩的民间文化。著名的古村三家店就扼守在永定河的出山口处第一大村，是连接西部山区至京城的交通枢纽之地，也是各种物资交流的中转站，京西重要的贸易集市。

1. 千年古村三家店村

三家店村位于门头沟永定河的北岸，已被北京市列为历史文化保护区的老街。它绵延近两公里，两侧古朴的民宅，沧桑的槐树，见证着老街千年的历史。

三家店村庙宇众多。有始建于唐朝的白衣观音庵，坐落于中街，庵中前殿三间，正殿三间，均为琉璃瓦挑大脊顶，庵中藏有碑刻。

村西有座龙王庙，推开庙门几步之遥便能望到永定河宽阔的水面。龙王庙里供奉着龙王像，带着百姓的企盼，镇守在永定河畔，掌管着年年的风调雨顺。庙中还有一棵古槐，遮天蔽日，清凉了整个小庙和一段老街。

还有一个关帝庙，又称铁锚寺，在京城仅此一家。小庙只有一间房，小巧精致。原是由于三家店村村头曾是一个古渡口，是北京最早的水上交通枢纽，1921年村西渡口修桥，人们将渡船的铁锚供奉在关帝庙，从此关帝庙也称铁锚寺了。1957年"大炼钢铁"的年代，铁锚被毁坏，供奉铁锚的景象不复存在。然而在我

图1：三家店村龙王庙

图2：河神像

图 3：关帝庙铁锚寺

图 4：安庆市迎江寺门口供奉铁锚

国安徽省安庆市的迎江寺，寺庙面朝长江，相传安庆市形状如船，如不在迎江寺供奉铁锚，安庆市将随着长江漂泊而去。因此，今天还可以在安庆的迎江寺寺庙门口，看到类似供奉铁锚的场景。今天的三家店已有数座桥相连两岸，天堑变通途。

由于门头沟煤矿资源丰富，自明清起，便形成了煤运集散地。在三家店村小学，校园内有一组保存完好的明清建筑——山西会馆。会馆旁的一座石碑上记载了修建会馆的年份和捐款之人，当年山西煤炭商贾的云集让人依稀可感。

中街路北75号院天利煤厂的旧址殷家大院，也是三家店村煤业繁盛的见证。殷家开办煤厂，收购山区运来的煤炭，再转运京城，身份显赫。煤厂有3组院落，72间房，门楼砖雕精美，影壁雕饰华丽，很是气派。

历史上的三家店村还经营有大大小小商铺，如杂货、粮食、肉铺、药铺、油盐店等，甚至还有日本人开的三吉咖啡馆，咖啡馆原坐落在82号，现在已经是普通民居了。除了这些，山里人也将东山的白梨、龙泉雾的白杏，山里的核桃和大盖柿等山货特产运到此处卖掉，换回盐、杂货等，丰富而热闹。

现在，公路已经延伸向山里，国道从三家店村村旁经过，三家店村不再是人们进山出山的必经之道了。村子失去了往日的繁华，长长的街道不再熙熙攘攘，只是一些走街串巷的商贩，卖些豆腐、蔬菜、粮油以及当地的时令水果。

不变的是那粗大的国槐，一座座老宅和庙宇，剥落的门联，依旧像一本泛黄的故事书，让人们浏览和回味。

图5：三家店村村医疗所

图6：三家店村民居场院

2. 太平鼓民俗文化在三家店村的传承

除了耐人寻味的古槐、老宅、庙宇……在三家店村还传承着走出了门头沟，走向全国乃至世界的国家级非物质文化遗产——京西太平鼓。

"太平鼓"历史悠久，源远流长，是一项流行在中国北方——北京、河北、辽宁等地区的民间自娱自乐的舞蹈表演艺术。它在历史上几经盛衰，在京西地区已经流传了二三百年。相传太平鼓自明代起在北京流传，清初的京城内外，太平鼓极为盛行。至清末，太平鼓传入门头沟地区。历史上门头沟很多村落家家户户、男女老少几乎都会击打太平鼓。在清代宫廷中，旧历除夕要击打太平鼓，取其"太平"之意，所以北京也称太平鼓为"迎年鼓"。太平鼓在每年的腊月和正月最为活跃，百姓们击打太平鼓更是对太平盛世国泰民安的期盼，在某种程度上也可以折射出北京地区的节庆习俗。

三家店村的高洪伟，是国家级非物质文化遗产京西太平鼓的传承人，其父高殿启是京西太平鼓的代表人物之一，为京西太平鼓的传承和发展做出了重要的贡献。高洪伟的太平鼓技艺是家传的，他是父辈太平鼓技艺的继承者。

高洪伟和他的父亲高殿启（1935年生人），就生活在永定河左畔的三家店村。在这样的地理环境条件下，永定河带来的交通枢纽与经济贸易的往来，使得这里的农村生活不完全受到自然条件的限制，村民在物质和精神生活上容易打破自给自足的局面，与外面的世界有较多的接触机会，造就了当地人开放交流的性格，便利了民间文化的接纳吸收与交互传播。

早在民国年间，高洪伟的奶奶和村里的妇女们在自家院子、街巷和田间打太平鼓，高殿启就跟着她们把这项技艺学了下来。因为当时的妇女大多缠足，她们打太平鼓的动作幅度都比较小，舞姿呈现出一种阴柔之美。太平鼓一直是女人的游戏。高殿启根据自身的特点，对自己从前辈那里所学习来的技法进行了大胆的改革，他把太平鼓的舞蹈动作幅度加大，把节奏加快，特别是增加了一些适合于男性表演的跳跃性动作，使太平鼓的动作变得雄健、刚劲，给人以一种生龙活虎

图7：京西太平鼓

的感觉，更适合于营造热烈的场面，烘托喜庆的气氛，从而也形成了自己的表演风格，他的太平鼓表演方式被称为"男子太平鼓"。

高洪伟家兄弟姐妹四人，在他上面有两个姐姐、一个哥哥，他们都没学打太平鼓。高洪伟却从小在父亲的耳濡目染之下，从20世纪70年代开始走上了打太平鼓的艺术道路。"舞步重心在后跟，抬脚后刨带颤肩，人随鼓点而舞动，要起鼓来要走圆，鼓缠人舞人不见，扭起身躯似柳弯。"这是高洪伟总结的多年来打太平鼓的心得。

直到2006年，高洪伟毅然扔掉首钢的"铁饭碗"，一门心思地组织起了北京门头沟区京西太平鼓民间艺术团。团队由4人发展到现如今的50人，凭着太平鼓的精湛技艺，走出了三家店村，走出了门头沟，走出了国门，代表中国把民族的特色和民族的自信展示给了世界。太平鼓也成为门头沟的一张亮丽的文化名片。

二、长城与沿河城村的军事文化

门头沟的黄草梁，位于斋堂镇北14公里处，这里自古就是北京通往塞北的重要通道。这里保存着明代长城，北通居庸关，南到紫荆关，曾是北京西部的重要防线。敌台丛密，城墙连缀，七座城楼于山体上连成一线，故称"七座楼"。敌台地据要处，有"一夫当关，万夫莫开"之势。由于现在归属沿河城管辖，所以这里的敌台都标有"沿字×号台"。历史上几次战役都发生在这里，金灭辽，元灭金，均假道于此而攻居庸关。明代有此前车之鉴，故有重兵把守，增筑敌台、城墙、扼守古道，保卫京西。

因为长城设于此，所以形成了永定河流域的军事文化。沿河城村，正是由此得以发展。沿河城村，村如其名。村北沿永定河，河水清澈，岸边绿树成荫。村子依然保持着城垣，厚重而高大的城墙围裹整个东西走向的村庄，东、西、北三面为直线直角，南面依山势蜿蜒如弯弓，全部用巨大的石块垒砌，甚为壮观。也有的地方已经坍塌，但轮廓清晰，城墙上杂草丛生，跑马道却依稀可见，让人不免联想当年的固若金汤，旌旗猎猎。

史料记载，沿河城金代成村，曾叫三岔口、沿河口，战略位置极为重要。明永乐年间设守驻防，万历年间建成城垣，更名为沿河城村，可谓名副其实了。沿河城村原有东、西、南、北四个城门，东为万安，西为永胜，南、北门为水门。现西门和北门完好。建城以后，附近百姓陆续迁入，成为五业兴旺，人烟辐辏的小城。由于曾经是军事要塞，村里的遗址和故事传说都与此有关。沿河城立于清乾隆二十五年壬午（1762）的《重修真武庙》碑记载："沿河以山为城，以河为池，乃京师咽喉之地。"④

村子里的院落规整和紧凑，两条主街为前街和后街，大大小小的巷子和胡同四通八达，与主街相连。据记载："城中原有三街六巷七十二条胡同，城外西关关帝庙内有总的衙署，人称下衙门；城东有守备府衙；城东北角设有营房、小校场；城西南制高点上设有大板仓、望警台；城西设有火药楼、过营岗、大校场、演武厅等设置。沿河城作为京畿西陲军事守备中枢，驻防之官明时为守备，清时为都司，官阶为四品武官，下辖十七道关口，空心敌台十七座，附墙台五座，烽火台九座，边墙五百八十丈，二三千马步军兵。"⑤

今天，村子中央的古戏台前，老槐树下村民围坐在一起，休憩乘凉。小城犹存，河水依旧，烽火狼烟不再，崇山峻岭之中，沿河城静谧而祥和。残存的城垣依然坚守，坚守着村子的历史，坚守着村子的记忆。

图8：修缮一新的明长城敌台

图9：沿河城村

三、古道西风瘦马

在永定河流域,遍布着纵横交错的京西古道。单霁翔院长曾经撰文概括指出:"北京门头沟地区文化线路遗产资源丰富。西山大路,自古以来就是京西山区通往京师的重要交通干线。这条古驿道历经金、元、明、清、民国长达800多年,特别是明代以来古驿道经修建,成为联系陕西、内蒙古草原的主要道路。同时,由于商贸、宗教、军事等各方面的需要,门头沟地区逐渐发展形成了一条条重要的交通干线和枢纽。在商贸方面,由于门头沟山区蕴藏着优质煤炭,辽代以后一直是北京城的煤炭供应基地,早期以驴、骡等牲畜运输为主,昼夜不断,逐渐形成商道。同时山里的干鲜果品、土特产品也通过商道外运,城里的食盐、布匹以及各种日用物品则通过商道运进。在宗教方面,门头沟地区的寺庙众多,尤以潭柘寺、戒台寺、妙峰山娘娘庙等最为著名,到寺庙进香的民众长年不断,庙会期间香客更是数以万计,从而形成以寺庙为中心的香道。在军事方面,沿河城作为古代北京西部重要的军事隘口,明代有重兵驻守,清代设守备负责沿线敌台的防务。斋堂城则是军事防御线的后方基地,当时所有军事物资、建筑材料的运输,以及敌台之间的联络等,均依靠斋堂至沿河城的古道通行。"⑥

京西的古道遗存,以河流、山隘等地形为基础,以人类各种活动为主线,包括商旅、宗教进香、军事等功能系统,主要包括以下干线:

一、永定河天然走廊及水运航道。二、永定河两岸河畔古道。三、以东西向为主的主干道——西山大路。四、永定河左岸地区的古道。五、连接明代"内三关"的皇太妃岭道(又称沿长城关隘古道或明内长城"三关"联络道)。六、以较大寺庙及庙会活动为主的进香道。

图 10：戒台寺古香道

图 11：西山大路北道牛角岭至韭园村段

以西山大路为例。阜成门是北京内城的西门，原叫平则门，俗称煤门，即进煤之门。城门洞里刻有一朵梅花，即旧京十二景之一的"阜城梅花"，取自"煤"的谐音，北京城与门头沟之间运煤的车马驼队从此门进城。西山大路出阜成门自永定河庞村、麻峪、三家店等古渡口向西，分南、北、中道，在王平口汇合后，越大寒岭到斋堂川，再分路连接村镇，越岭到房山、涞水、涿鹿、怀来，是以商旅为主要用途，辅助用于军事和进香等活动。永定河出山口处左岸的三家店及右岸的琉璃渠、城子、大峪等地，是京西古道平原路段与山区路段的衔接点，也是西山大路的起点。三家店白衣观音庵内现完整地保存着一块立于清同治十一年（1872）的修桥补路碑，碑文题刻名曰"重修西山大路碑记"，碑文为："西山一带仰赖乌金以资生理，而京师炊爨之用尤不可缺，道路忽而梗塞，各行生计攸关。"⑦此碑见证了西山大路上繁荣的商贸历史。

京西古道正像诗歌中所描写的那样：

驼铃悠悠，

只有那些枯枯荣荣的草丛中，

深深浅浅的蹄窝，

镌刻下那沧桑的过往，

日日月月，月月年年……

参考文献：

① 单霁翔：《大型线型文化遗产保护初论：突破与压力》，《南方文物》2006年第3期，第2页。
② 单霁翔：《大型线型文化遗产保护初论：突破与压力》，《南方文物》2006年第3期，第2页。
③ 刘铁梁主编：《中国民俗文化志·北京门头沟卷》，中央编译出版社2006年版，第5页。
④ 北京门头沟村落文化志编委会编：《北京门头沟村落文化志》，北京燕山出版社2008年版，第723页。

⑤北京门头沟村落文化志编委会编：《北京门头沟村落文化志》，北京燕山出版社2008年版，第723页。
⑥安全山编著：《京西古道》，团结出版社2013年版。
⑦安全山编著：《京西古道》，团结出版社2013年版。

试析京西煤窑契约涉及的股份制与货币制度

首都博物馆收藏有契约文书类实物资料两万余件，其中包括房契、地契、窑契、租佃契、典当契、借贷契、赔偿契、各类合同、票证等，这些是研究北京地区经济史珍贵的第一手资料。本文是在近年首都博物馆对其中两百件窑契和其他经济契约文书资料整理的基础上，以148件京西煤窑契约为依据，时代跨度自顺治元年（1644）至民国三十三年（1944），从经济史研究的角度，对这些窑契有关利润分配所涉及的股份制分配形式和货币制度进行分析。

一、京西煤窑契约文书表现的股份制形式

在148件京西煤窑契约中，主要包括三种身份的合同参与人，即第一种："立合同人"，也称"立夥做窑合同人"（夥，同"伙"）"立批合同窑业人""立賣煤窑股分人""立賣契人""立賣窑業字據人"等叫法不一，其中这类"立合同人"也包括"出工本人""旧窑业人""地主""山主"等人，这些人一般是煤窑的所有者、出资人和经营者等；第二种："中人"，即"中見人""中見說合人"等，也就是在各位"立合同人"之间起联系和牵线搭桥作用的人；第三种："代字人"，也称"書字人"等，主要是书写契约文书的执笔者，也是契约文书的一种辅助参与人。

从合同参与人中的"立夥做窑合同人"，即可看出清初的京西煤矿事业已经

较为普遍地采用"合伙制"。彭久松和陈然在《中国契约股份制》一书中曾解释为:"在前资本主义时期,随着商品生产发展,营利经营要求投资额不断提高,个人筹集常感力不从心,与此相因应,一些商人、自由民和手工业者乃至奴隶主贵族与土地所有者,便以一定数量的人、财、物等项生产要素实行联合经营。也就是两人以上合力,共同出资经营,共谋经济利益的一种做法。"①这成为股份制经济的原始形式,正如在契约文书中常常出现的"同出工本,夥做夥開"。

据彭久松的调查,类似形式的股份制经营模式,在我国以盛产井盐而闻名遐迩的"盐都"——四川自贡的盐场,自18世纪前期至20世纪中叶,普遍存在了200多年,成为那里最主要的企业形式制度。"契约股份制是中国人建构的一种股份制民族形式"。②

京西煤矿股份制经营具有合资模式的特点,在利润分配上依据各位"立合同人"工本出资的比例进行分配,如下列举顺治元年(1644)至道光二十五年(1845)最具代表性的七个窑契文书,反映这一时期窑契利润分配的股份制表现形式的发展变化。

1. 顺治元年(1644)高義等重開下嘴窑合同

立合同人高義、趙明,因門頭溝村地方下嘴窑一座。先年舊例,直開九日,騰開七日,路開八日,明、義、選各

開五日。今黎亂之後,鄉親議和,其窑按六分開採。同鄉親講明,見錢先除騰、直、路大費用

錢貳百肆拾文,其餘按六分均分。日後月課賠累六分均納。再無更端返悔,恐後無憑,故立合同一樣六張六分,各執一張,以為永遠之昭。

順治元年拾月初二日　立合同人:焦雲路(畫押)、李秉直+、趙明+、高義+、高應選+、高騰(畫押)

(字頭有方印一枚)　中人:梁衍祚+、馬體忠+、安汝魁+

(有右側對縫字一行)　書字人:李問學(畫押)

下嘴合同

2. 康熙九年（1670）高應捷等批夥做胁肢窑合同

立批夥窑合同人高應捷等因有祖遺胁肢窑一座，坐落正黃旗炸軍孫起龍地內，因年深無本，今会同眾家出本開做，按壹百柒拾五日為則。內去窑業高應捷等拾日、孫起龍開地主拾日、于廂黃旗下媽媽府拾日，下剩壹百肆拾五日，照日分出本開做。日後一家工本不到，將窑捐入夥中。煤出之日，先完工本，得利<u>按日分均開</u>。恐後無憑，立此合同，一樣六張，存照。

日分開列于后：

廂黃旗尹大出本開拾五日、安敬出本開肆拾五日、馬承援出本開拾五日、孫起龍出本開拾五日、焦承澤出本開拾日、高應第、捷、明、鼎新等出本開肆拾五日。

康熙九年四月初六日。立夥做窑合同人：焦承澤＋、馬承援＋、尹大＋、安敬（畫押）、高應捷、孫起龍＋

　　　　　　　　　　　　　　　中人：趙國政＋、王尚文＋

五

中間對縫字一行：立夥做窑合同一樣六張存照□□□

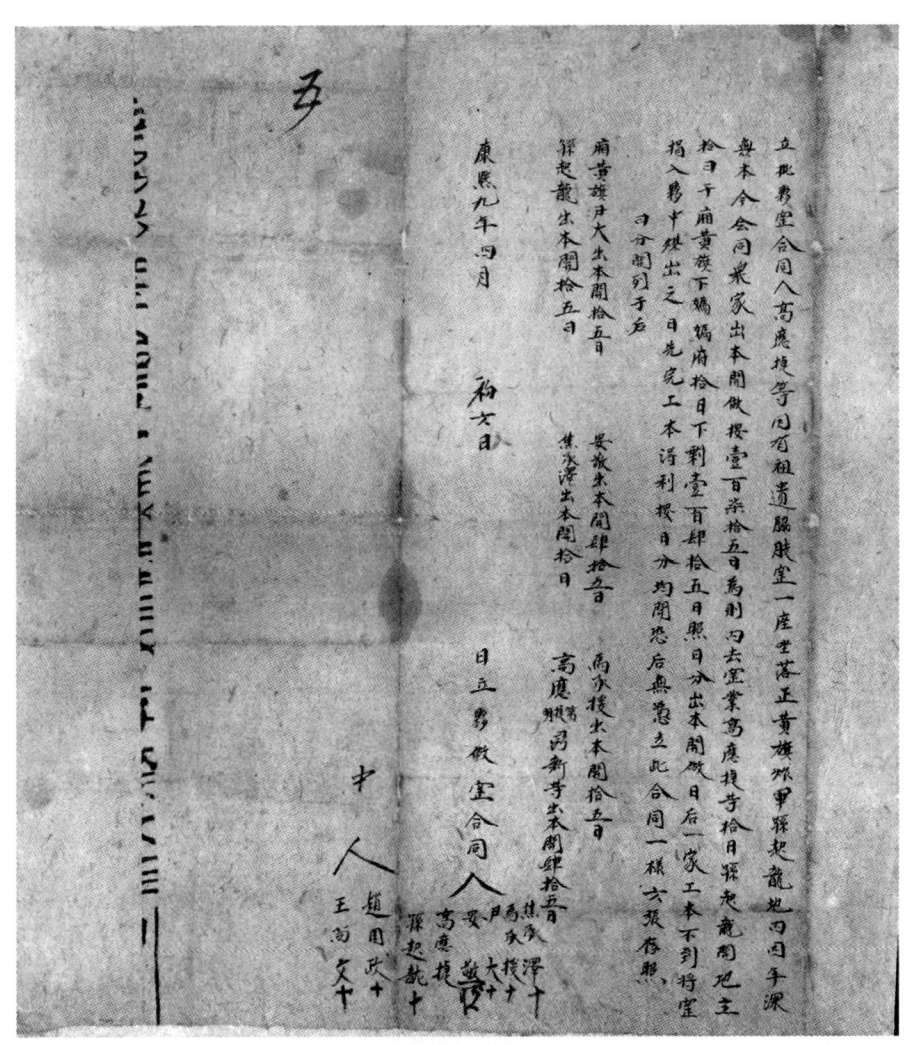

图1：康熙九年（1670）高應捷等批夥做肋肢窑合同

3. 康熙五十五年（1716）趙國良復做白石窯合同

　　立復做窯合同人趙國良，地內有白石窯一座，今憑說人會到王嘉瑞、閻文煥出本開。其窯按式百八十日為則。地內窯業八十日，下剩弍伯日。去旧業一伯日，新窯出工本開做一伯。王嘉賓抱開工本窯五十日，閻文炳出工本開做十日，閻文煥出本開做煤窯廿日，閻文燭出本開十日，閻文爌出工本開做十日。衣煤土末，俱隨地主。煤出之日，先囬工本，然後見利，均分按日。恐後無憑，立此存照。合同一樣四張，各執一張。

　　　立此出工本人：閻文燭＋、王嘉賓＋、閻文炳＋、閻文煥＋、閻文爌＋

　　地主：趙國良＋

　　康熙五十五年十月十五日。旧窯業人：閻文煒＋、王嘉瑞＋

　　　　　　　　　　說合人：姬裔周＋、張夢兆＋、馬世琦＋

二

　　中間對縫字一行：批窯合同一樣四張各執一張

4. 乾隆二十二年（1757）劉思宏等復批做窯合同

　　立復批做窯合同人舊業劉思宏、石宗琳、山主劉元舜，因有祖遺山場內有煤窯一座，坐落潘家澗東腰石 [石+曹] 煤□□□

　　無工本開做，情愿會到劉茂隆、劉升隆、呂君玉名下開做，其窯按壹百貳拾日為則。各名下窯分開例於後，言明煤出□□□□

　　新工本，然後見利，按日分均分。如有鋪中買賣見利，按拾成均分，窯抱鋪中，鋪中抱窯。此係六家情愿，各不許返悔，恐後無憑，立字永遠存照。如有窯上馱兒錢，不與新舊窯業相干，係山主承管。從前合同以為故紙。

　　計開

　　劉思宏抱開舊業窯拾日、買賣三成。石宗琳抱開舊業窯伍日、買賣一成。

　　山主劉元舜開地分窯拾日、劉茂隆抱開新窯業三十日、買賣三成。呂君玉、劉升隆抱開新窰業三十日、買賣三成、孫德昌抱開落水窰三十日＋、本身窰五日＋。

乾隆貳拾十二年二月初三日。立復批做窰合同人：孫德昌＋、刘升隆＋、刘元舜（畫押）、刘思宏＋、石宗琳＋、刘茂隆＋、吕君玉＋

（有中間對縫字一行）　　書字人：侯成紀＋

五

5. 乾隆三十三年（1768）張德君復批夥做興盛窰合同

立復批夥做煤窰合同人張德君，因有祖遺到北青山嶺村西岔道坡地壹段，內有興盛煤窰壹座，因自無工本開做，今同中人會到侯元良、趙士魁、趙伏、安國用四人名下，新出工本開做。其窰按壹百貳拾日為則。趙士魁新出工本開做拾日，趙伏新出工本開做拾日，侯元良新出工本開做貳拾日，安國用新出工本開做肆拾日，舊窰業拾日。山主張德君開地分窰貳拾日，舊窰業五日。范文得開舊窰業五日。同眾言明，煤出之日，先囬完新工本，然後得利，<u>按窰股份均分</u>。此係眾家情愿，各無異說，恐後無憑，故立夥做煤窰合同壹樣六張，各執壹張，永遠存照。

中見人：彭雲＋、安富代書

乾隆卅三年拾壹月二十六日。立批夥做煤窰合同人：趙士魁＋、侯元良＋、趙伏＋、張德君＋、安國用（畫押）、范文得＋

道光拾四年（1834）五月初三日，興盛煤窰改做窰名坩子窰。

中間對縫字一行：天理合同壹樣六張各執壹張存照

首博35.4.124右側又補寫：

道光廿年（1840）四月廿四日買道此青山嶺安成天合仝一張。

6. 乾隆四十五年（1780）孫成批做長盛煤窰合同

立批煤窰合同人<u>搶峰坡</u>孫成，因有祖遺置到<u>搶峰坡</u>村西北六道灣子道下，內有孫姓地內有長盛煤窰壹座。因自無工本開採，今會到孫、侯二人名下開採，永遠為業。其窰按壹百五拾日為則。新業抱開壹百式拾日，山主抱開三拾日。言明煤出之日，先逈新工本，工本逈完，見利按股均分。山廠道路不明，俱有山主一面承管。窰不明，俱有新業一面承管。此係大家情願，各無返悔，恐後無憑，立此合同，一樣叁張，各執一張，永遠存照。

計開窰分開列於後：

孫德興抱開新業六拾日＋、侯兆燕抱開新業六拾日＋、山主孫成抱開地分窰三十日＋

式張

中間對縫字一行：口煤窰合同一樣叁張各執一張

中見人：侯忠良＋、靳元瑞＋、趙元祿代筆

乾隆四拾五年二月初十日。立批合同窰業人：孫成＋

7. 道光二十五年（1845）張希彥等批做寶盛窰合同

立批窰合同人張希彥，同佃戶安名遠，因有安家灘村西南大渠溝岩下有煤窰壹座，因自無工本開做，今全中人情願會到趙應寶、楊進財二人名下開採為業，議名宝盛窰。按壹佰式拾天為則。出煤之日，先逈新工本，將新工本逈完，在有獲利，按壹伯式拾天均分。窰上有中舊業不明，有張希彥一面承管。有山場地分不明，有山主張、安姓一面承管。此係大家情願，各不返悔，恐后無憑，立此合同，一樣四張，各執一張，永遠存照。

新業人趙應寶抱開陸拾日押、楊進財抱開式拾日＋

中旧業人張彥抱開式拾日＋

山主張希彥抱開地分窰拾日＋、山主安名遠抱開地分窰拾日＋

道光式拾五年拾一月初九日　立山主：張希彥＋、安名遠＋

（字頭上有紅方印一枚）

為右邊字：合同四張各人一張

中見：李明剛＋、張珍＋

頭張

上述七份契约，顺治元年（1644）高义等重开下嘴窑合同采用"見利按六分均分"，分，同"份"，用"分"表示股份形式；康熙九年（1670）高應捷等批夥做胁肢窑合同采用"見利按日分均開"，用"日分"表示股份形式；康熙五十五年（1716）趙國良復做白石窑合同采用"見利均分按日"，用"日"表示股份形式；乾隆二十二年（1757）劉思宏等復批做窑合同采用"見利按日分均分"和"如有鋪中買賣見利，按拾成均分"，用"日分"和"成"表示股份形式；乾隆三十三年（1768）張德君復批夥做興盛窑合同采用"按窑股份均分"，是148件窑契中第一件首次明确提到"股份"一词的契约；乾隆四十五年（1780）孫成批做長盛煤窑合同"見利按股均分"，已经简化为"股"；道光二十五年（1845）張希彥等批做寶盛窑合同提到"按壹伯弍拾天均分"，是用"天"表示股份的形式。

值得注意的是，第一份窑契——顺治元年（1644）高義等重开下嘴窑合同中提到："先年舊例，直開九日，騰開七日，路開八日，明、義、選各開五日。今黎亂之後，鄉親議和，其窑按六分開採。"据潘惠楼的《清代煤窑股份制》一文研究指出，"此合同立于顺治元年，为离乱之后，那离乱之前的'先年旧例'应是何时，无疑应是清代以前的明代。那么，此合同还可以说明，在清代之前，北京煤窑就已存在合伙入股经营了。"③

此外，在尚未一一列举的其他一百四十余件窑契中，民国时期的窑契，已经普遍使用"股"和"股份"进行利润分配的约定，很少再出现其他代表股份的词语了。

还需要提到的是，从这些窑契中可以看出，在清初，煤矿经营实行的股份制分配就已经存在"干股"的形式，体现在一份顺治十七年（1660）姜维诏等做的椿树窑合同中，以三十五日为则，由立合同人安敬开做二十一日，姜维垣开做六日，姜维诏开做二日外，特别提到"又十开地主五日"，也就是给地主的干股，以"五日"为利润分配比例，具体合同原文如下：

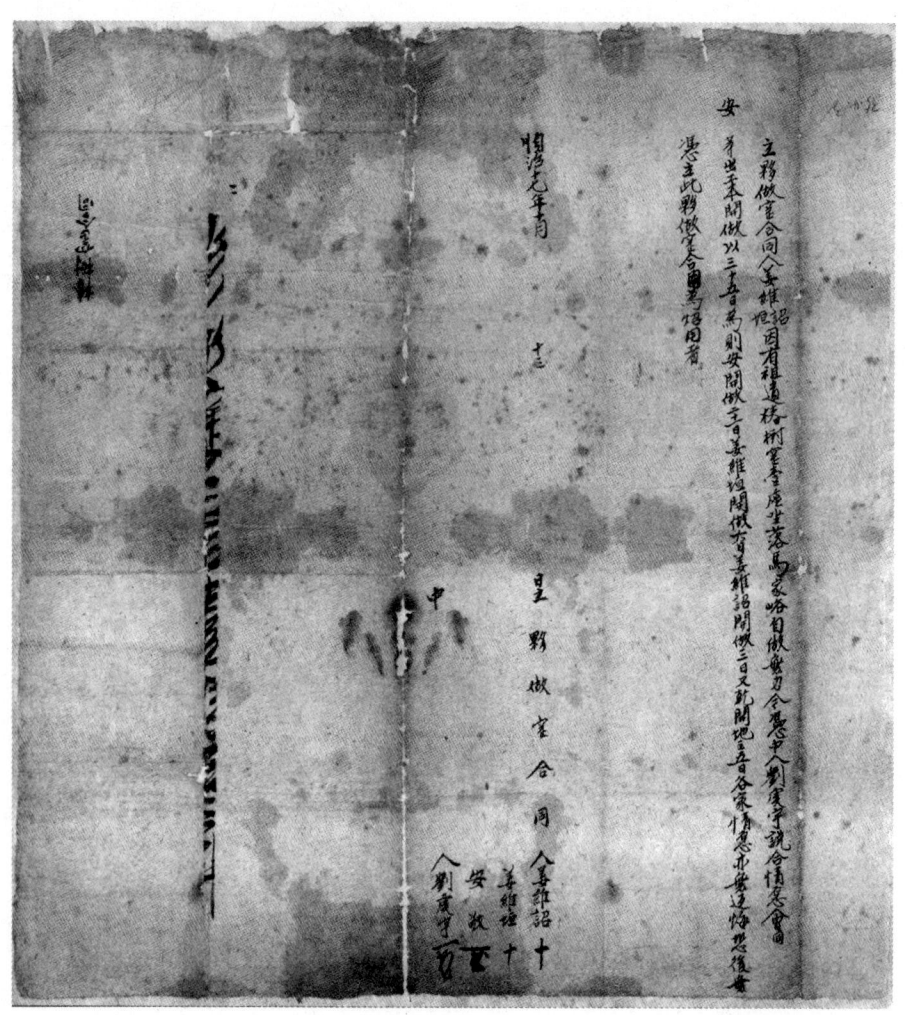

图2：顺治十七年（1660）姜維詔等做椿樹窯合同

顺治十七年（1660）姜維韶等做椿樹窑合同

立夥做窑合同人姜維韶、垣，因有祖遺椿樹窑壹座，坐落馬家峪，自做無力。今憑中人劉虔宇說合，情愿會同安等出工本開做，以三十五日為則。安開做二十一日、姜維垣開做六日、姜維韶開做三日、又乾開地主五日。各家情愿，亦無返悔，恐後無憑，立此夥做窑合同為炤用者。

顺治十七年十月十三日。　立夥做窑合同人：姜維韶＋、姜維垣＋、安敬（畫押）

中人：劉虔宇（畫押）

二

（有中間對縫字一行）

倒寫：椿樹窑合同

二、京西煤窑契约涉及的货币制度流变

在此，将逐一列举八份出现过的最具代表性的煤窑契约文书，分为四类，分别包含了铜钱、银两、银元和纸币四种不同时期的京西窑契的货币度量。

（一）铜钱

首先列举如下三份契约：

1. 顺治十二年（1655）王從廉復開合夥做大興窑合同

立合夥做窑合同人王從廉等，因先年做到靜明寺大興窑壹座。今又復做，工本短少，憑中人張應吉說合，會通孫、馬二宅出本夥做。其窑按肆拾伍日為則，內有地主明祥、性還開五日、張、王二宅開貳拾肆日，孫、馬二宅出本開拾陸日。其窑煤出之日，先除完新工本，後除王舊工本拾千零三百文，除完之日，見利照則均分。眾家情愿，並無返悔，恐後無憑，立此夥合同，壹樣貳張，存照。

顺治十二年八月初三日立　合夥做窑合同人：王從廉（畫押）、張宅（畫押）

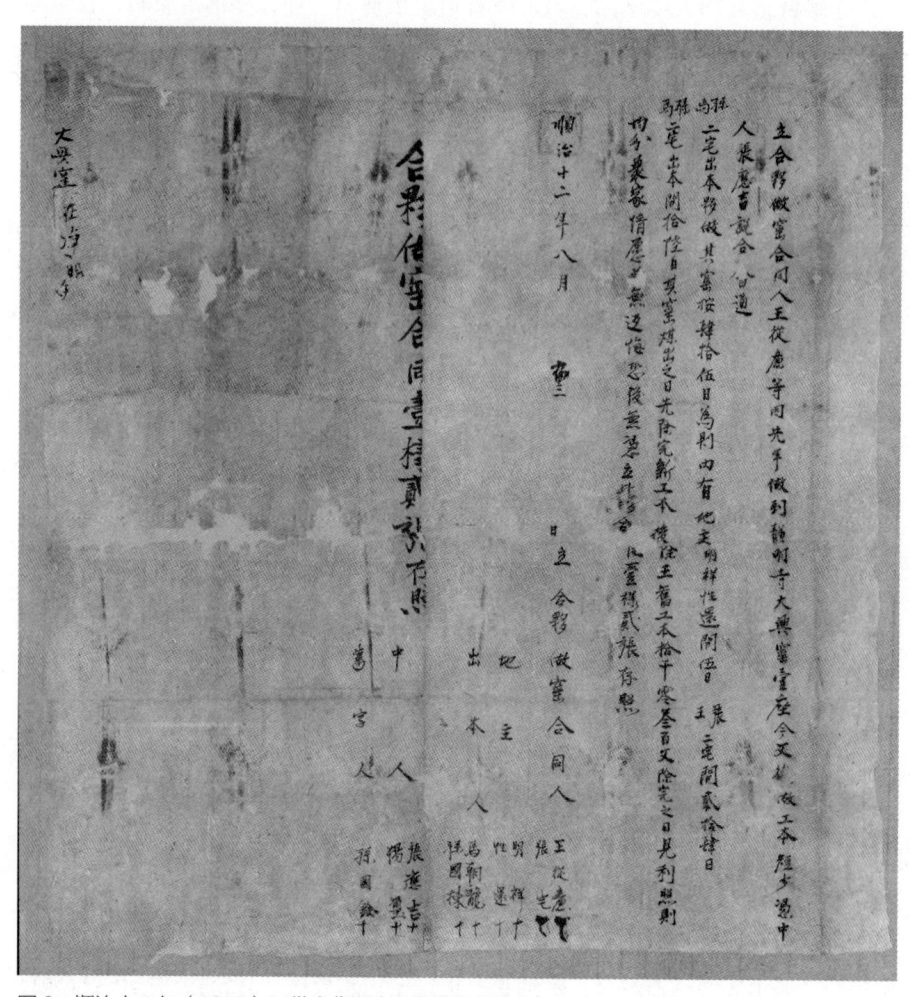

图3：顺治十二年（1655）王従廉復開合夥做大興窑合同

（字頭有方印一枚） 地主：明祥＋、性還＋

出本人：馬朝龍＋、孫國棟＋

中人：張應吉＋、楊璽＋

書字人：孫國銓＋

左側對縫字：窑合同壹樣貳張存照

大興窑在淨明寺

2. 乾隆三年（1738）曹弘業賣杏樹窑合同

立賣窑合全人曹弘業，因為無錢使用，有韓須玉彎西坡地內有杏樹窑，分百日為則。內有窑分二十五日，忠人趙世英說和，情願賣与張姓為業，賣價清錢拾吊正，其錢当面交足，外無欠少。

若有親族人等爭競者，有弘業一面承管。並無 小＋反 悔，恐後無憑，立賣契永遠存照。

中見人：趙世英＋

乾隆三年四月二十九日　立賣契人：曹弘業＋

（字上有一紅方印）　代字：趙世雄（畫押）

3. 道光二十七年（1847）趙貴賣定寶窑窑業字據

立賣窑業字據人趙貴，因乏手，全中將祖遺定寶窑賣與馬登墀為業，共窑按式仟壹佰六拾股。內有本身旧業六拾四股。煩中人將此窑業賣與馬登墀名下為業。言明賣價清錢式拾串整。其錢筆下交足並無欠少。自賣之後，倘有親族人等爭論，有趙貴一面承管。此係兩家情願，均無返悔，恐口無憑，立此賣字，一紙存証，隨代道光二十四年原合同一張為照。

中見代筆人：劉漢基＋

道光二十七年十月三十日　立賣窑業字據人：趙貴＋

（字頭上有紅色方印一枚）

三份清前期和清中期的契约，利润分配以清钱，也就是清代铜钱作为货币度

图4：清钱

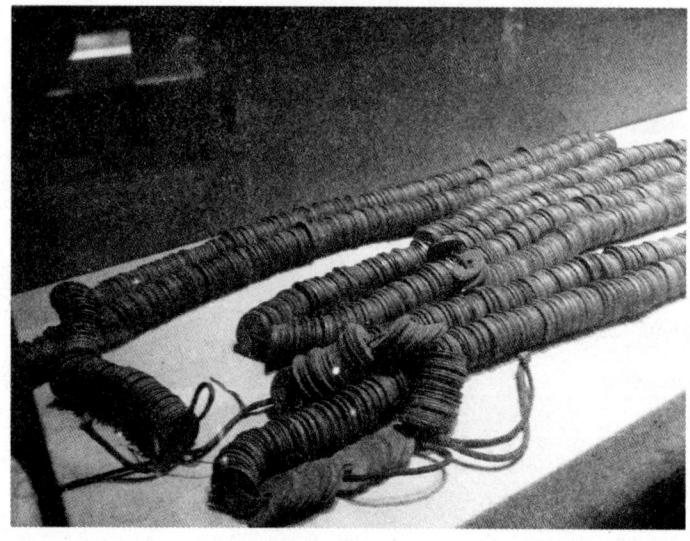

图5：钱串

110

量。这三份契约分别是顺治十二年（1655）王從廉復開合夥做大興窑合同，提到"舊工本拾千零三百文"；乾隆三年（1738）曹弘業賣杏樹窑合同，提到"清錢拾吊正"；道光二十七年（1847）趙貴賣定寶窑窑業字據，提到"清錢式拾串整"。

清朝是中国封建社会的最后一个王朝，货币制度基本与明代相同，实行白银和铜钱平行的复本位制，大额交易用白银，小额交易用铜钱。有关资料记载，清代的老百姓日常生活与铜钱密切相关，人们虽然手里有时有些银锭和碎银，但使用时经常先到钱铺换成铜钱，再来支付购买日用杂货。

"清朝仍然称本朝铸造的铜钱为制钱，禁用明代铜钱。满族人在入关以前就开始铸造钱币。"④清代先后有十位皇帝在位，使用了十个年号，正式年号钱也有十种，分别是：顺治通宝、康熙通宝、雍正通宝、乾隆通宝、嘉庆通宝、道光通宝、咸丰通宝和重宝及元宝（附：太平军和小刀会钱币）、祺祥通宝和重宝与同治通宝、光绪通宝和重宝、宣统通宝。

三份契约中，一份以"文"为单位，是清钱最基本的度量单位，第二份契约提到的"吊"，以及第三份契约中提到的"串"都是同一含义，一吊钱与一串钱一般都表示一千文，还有未涉及的一贯钱，也表示一千文钱。

（二）银两

列举一份契约如下：

1. 康熙四十六年（1707）馬芝俊等夥做馬家窑合同

立夥做煤窑合同人馬芝俊、馬芝秀，有祖父至到山場一段，坐落安口村內，有馬家窑一座。因自無工本開做，今有旧窑業劉士君、劉士維無本開做，又全說合人安鳳會到草店水村人王、李二人名下出工本開做。其窑按百四十日為則。新本開做八十日，舊窑業開做四十日，地主開做二十日，四家共計百四十日正。其地分若有人爭競，有馬芝俊、馬芝秀一面承管。旧窑業有人爭競，有刘世君、刘世維一面承管。其工本無數，盡利開做。如有做的半頭而費，工本不接，此為故紙。衣煤土末俱隨地土。四家情愿，各不許返悔，如有先悔之人，干罰白銀十兩入官公用。立此合同一樣三張，各正一張，存照。

康熙四十六年拾月二十九日立此存照。　說合人：馬芝俊、刘世君、王大福、李真、刘世維、馬芝秀、安國鳳

代字人：曹志興

全外有紙（排列不正）

从清初到 20 世纪 30 年代，我国一直是一个银本位国家，白银（包括银两和银元）是货币的主体。"清朝对白银的使用，可以分为三个阶段。第一个阶段是顺治到乾隆的清前期一百余年，国内大部分地区专门使用银块，以两为单位，称为银两。第二个阶段是嘉庆至光绪初年的八九十年间，就是十九世纪的大部分，外国银元逐渐深入到中国内地，在中国变成了一种选用货币。第三个阶段是光绪十五年（1889）到宣统三年清朝灭亡，中国开始自己铸造银元，作为正式流通的法定货币。需要注意的是，在第二、第三两个阶段里，银两还是继续通行，占据主要地位，并没有被银元取代。"⑤此份契约为康熙年间，提到"白银十两"，正属于第一阶段。

银两的形式有银锭——元宝，重五十两到十两不等；有一两、五钱、三钱、一钱重的小元宝；有"锞子"，一般十两以下；还有小银块、银饼和碎银等。

银两的成色，政府规定纹银，含量 93.5% 的银块为标准成色；足银，含银量 99.2%；还有九九、九八、九五、九三、八成等。

银两的称重（平砝），衡量银两重量的标准叫作"平"，各地用于不同用途的称银砝码轻重各异，主要有库平、漕平、关平、京平、司马平、行平、申公砝平、湘平等。

图6：银两

（三）银元

首先列举三份契约如下：

1. 民國三年（1914）杜國棟等賣永盛紅煤窰股份文約

　　立賣煤窰股份文約人杜國棟、(杜國)銓，因礦務振興，今將宛平縣齊家司青龍澗村村西黃土坑永盛紅煤窰一座，共計股分十五股八厘。山分一股八厘，身金股十四分。內有自己置到身金股五分，情願出賣與大建紅煤礦有限公司承受開採，永遠為業。同中言明賣價<u>洋圓九百圓</u>，其洋圓筆下交足，並不欠少。自賣之後，如有山主身金股份爭論者，有賣主一面承管，與買主無干。所有賣主應分窰裏場外傢倨均在賣契之內，隨帶自置身金契紙五分，調查局窰照一張，一併在內。兩家情願，恐口無憑，立賣股份文約為証。

　　大建煤礦有限公司代表經手人：史俊峰

　　中華民國三年陽曆八月初一日。立賣煤窰股分人：杜國棟+（杜國）銓+

　　（宛平縣印）（紅印）

　　中說人：趙金璋+宋廣瑞　押

　　右有半個"宛平縣印"騎縫章　王昶　代字　押

2. 民國三年（1914）杜國楨賣七間房煤窰地契

　　立賣煤礦地文約人杜國楨，因手乏不便，今將祖遺宛平縣西齋堂村上北澗七間房煤窰地壹段，共計地五畝，情願出賣與大建煤礦有限公司收業開採自便。永遠為業。言明賣價<u>銀元五百弍拾元</u>。其元筆下交足不欠。此地各有四至，東至大道西，至韓姓，南至杜國華、杜國賓，北至小道。四至分清，上下土木相連，盡屬在內。隨代糧銀二分，楊戶取討自賣之後，如有單賬片，紙親族人等爭兢，有賣主承管，與買主無干。隨帶原契壹張，此係兩家情愿，各無反悔，恐後無憑，立賣煤窰地契為証。

　　經手人：史俊峰

　　中華民國三年五月十五日　立賣煤礦地契人：杜國楨　押

宛平縣印（紅印）

史玉珂 +

杜國華 +

中說人：馬福義 +

杜國棟 +

王昶代字 +

（位於右上角）

正文有二宛平縣印（紅印）

有騎縫印章一宛平縣印（紅印）

3. 民國十五年（1926）劉俊聲等租批華興煤窯合同

立租批窯業山廠合同人劉俊聲、劉双同姪國祥，父子、伯叔姪三人同心合意，將祖遺置到窯業山廠，坐落王平口村北溝溝東山廠一段，各有四至：東至分水嶺，西至水溝，南至大井劉國山，北至分水嶺，四至分明。今同中人情愿租批與高陽縣人曹植庭名下，開作華興炸窯。言明租價，每年大洋叁拾元整。當日現交貳年租價大洋陸拾元整，筆下交足不欠。自租之後，四至以內不准外租外批。如有親族人等爭競，山廠不明，有劉俊聲、劉双、同姪國祥三人承管，與開窯人無干。窯內臨風相透，有開窯人承管，與租批人無干。自租之後，自許客辭主，不准主辭客。不准增租長價；不許拖欠山租，欠租收業。此係兩家情愿，各無 卜+反 悔，恐口無憑，立租批窯業合同壹樣兩張，各執一張為證。

中華民國拾五年貳月初壹日。立租批窯業山廠合同人：劉俊聲、劉双、劉國祥

立合同一樣兩張各執一張永遠為証（為右半對縫字）

故紙　中見人：田萬祿　劉國明　劉國亮　劉國信

代宁人：劉國隆

历史记载,大约 15 世纪的明朝中叶,就开始有外国银元流入中国。清中晚期,外国洋元流入中国的品种和数量都大幅增加,流通范围也日益扩大,主要有西班牙本洋、葡萄牙十字洋、墨西哥鹰洋、英国站人洋、法国坐人洋、日本龙洋等。

对于当时洋元广泛流入,兑换中国白银,造成中国白银外流,中国的有识之士提出铸造本国的银元。如郑观应的《盛世危言》的《铸银》一篇可以看到:"(洋圆)每圆计重七钱二分,运入中国,极贵时可抵规银八钱,即江苏平常市价总在七钱三四五六分之间(沪市买空卖空,昔年每元已涨过八钱。中国人因此亏耗者不知凡几。)其利之厚了然可睹。中国如不自行鼓铸,则其害正自无穷也。"⑥

中国首次用机器铸造银元是在光绪十五年(1889),由两广总督洋务派官僚张之洞在广东设造币厂,银元铸有"光绪元宝"的字样,通称"龙洋"。最初为了追求"光绪元宝"的品质优于含银量七钱二的洋元,这种银元的含银量是七钱三。但是,当造币官方到民间进行调查,发现根本看不到市面上流通这种七钱三的银元,原来是发生劣币驱逐良币的现象,此后,便开始改铸七钱二的银元了。

辛亥革命后,币制混乱,外国洋元和清末的龙洋并行流通,同时还出现了民国元年铸造的孙中山半身侧面像的开国纪念币等。

北洋政府时期,在民国三年(1914)颁布了一项国币条例,整顿和统一银元的发行使用,新铸造的银元正面是袁世凯侧面头像和铸造年份,背面是"一元"两字和嘉禾纹饰,俗称"袁头币""袁大头""大头"。

中国人民银行总行参事室编辑的《中华民国货币史资料》中,有关袁世凯政府《国币条例》和《国币条例施行细则》的公布以及各方面对条例、细则的评议等问题的相关记载,"1913 年 12 月 1 日,熊希龄内阁主张沿用银本位统一币制……1914 年 3 月 1 日,国务院财政讨论会第一次会议录——《国币及其施行条例与理由》……《国币条例》教令第十九号,民国三年二月八日公布:第一条国币之铸发权,专属于政府。第二条以库平纯银六钱四分八厘为价格之单位,定名

图7：银元"袁大头"

曰元。第三条国币种类如下：银币四种，一元、半元、二角、一角；镍币一种，五分；铜币五种，二分、一分、五厘、二厘、一厘……国币《国币条例施行细则》，民国三年二月八日公布。"⑦

上述列举的三个京西窑契，正是处于民国时期，其中两个契约均为1914年，分别是"中華民國三年陽曆八月初一日"和"中華民國三年五月十五日"签订，均在《国币条例》颁布之后，分别提到"洋圓"和"銀元"。另一个契约是1926年的，即"中華民國拾五年貳月初壹日"，提到"大洋"。因此，这三个契约利润分配采用的"洋圓""銀元"和"大洋"，都是同一种货币，也就是"袁大头"。

（四）纸币

列举一份契约如下：

1. 民國二十九年（1940）李文俊租批溝子窑合同

立租批山主舊業人李文俊，因有祖遺煤窑壹座，此窑坐落在龍泉務村西，

溝子窑經中人說合，情愿批與

王立夫名下承做。每年押租<u>國幣肆拾元整</u>，其幣筆下交足。同中人言明，租批五年，抽分六厘，每月山主煤六筐，押租五年銷清。窑廠之內修蓋房屋，許蓋不許拆。

五年期滿，將窑交還山主舊業。此係兩方情愿，各無異說，空口無憑，立字據兩張，各執壹張為证。

中華民國貳拾九年五月初壹日。立租批煤窑舊業人：李文俊　押

壹樣兩張各執壹張（為右半對縫字）

中說人：孫景印　押　鄧富和（畫押）曹興林 +

代字人：周克銘 +

此份契约的年份是1940年，已经处于国民政府时期。1935年11月3日，国民政府颁布"施行法币布告"。其主要内容包括三项，即垄断发行纸币，白银国有和法币成为英美共管的货币。因此，这份民国二十九年（1940）李文俊租批溝子

窑合同中提到的"國幣",正是以国民政府时期的法币为货币度量。

在北京市档案馆和中国银行北京分行整理的当时中国银行北京分行的历史档案文件中可以见到以下资料,成为1935年法币布告的佐证:

[银元兑换法币]财政部现已通令全国自本年十一月四日起以中央、中国、交通三银行钞票定为法币,凡公私款项之收付以法币为限,不得使用现洋各节,前已由总处及敝处先后电达在案。兹将此项办法实行后注意各节列左。

——各处本月三日库存现洋应一律封存不得动用。

——自本月四日起,同业存款及其他一切存款、放款应一律以钞票收付,即约定交付现洋者亦应改付钞票。

——自本月四日起,对外发出单据应一律改书"国币"字样。

——寄庄仓库所存现洋应运交其管辖支行、办事处集中保存,候敝处通知办理。

——凡以中央、中、交三行钞票托汇各处者应不分地名一律平汇,将来应否酌收手续费,俟规定再行布达。

——所收中央、交通券,在两行已设机关地方可逐日向其对轧其余额,以平价由付款行用上海电汇抵付,在该两行未设机关地方,俟积有成数可运至就近该两行,按上述办法办理。

(1865 津行致平支行函　1935 年 11 月 6 日)[8]

此间中、中、交三行奉三总行电示,现银元调换法币,除铜铅外,一律平价照调,银辅币按十二角调换一元。

(津行致平支行函　1935 年 11 月 11 日)[9]

"从货币制度的进化过程来看,废除金、银本位,实行纸币管理制度,是一种历史的进步。"[10]

图8：纸币（1940）

三、总结

本文探讨的京西煤窑契约有关利润分配所涉及的股份制形式与货币制度，从一个非常具体的视角对从清顺治到民国三百年间的契约进行分析，通过这些契约可以看到国家的时代变化和社会经济的深远影响。作为经济单位中很小的一员，京西的煤窑经营正是在时代大潮的变迁和影响中生存和变化的，也成为北京近现代工业经济的一个典型的缩影。

参考文献：

①彭久松、陈然著：《中国契约股份制》，成都：成都科技大学出版社，1994年，第14页。
②彭久松、陈然著：《中国契约股份制》，成都：成都科技大学出版社，1994年，第16页。
③北京市门头沟区政协文史资料委员会作：《京西煤业》，北京：香港银河出版社，2005年，第38页。
④宋杰著：《中国货币发展史》，北京：首都师范大学出版社，1999年，第252页。
⑤宋杰著：《中国货币发展史》，北京：首都师范大学出版社，1999年，第257页，第258页。
⑥郑观应著：《盛世危言》，郑州：中州古籍出版社，1998年，第368页。
⑦中国人民银行总行参事室编：《中华民国货币史资料》第一辑（1912—1927），上海：上海人民出版社，1986年，第85—第90页。
⑧中国银行北京分行、北京市档案馆编：《北京的中国银行(1914—1949)》，北京：中国金融出版社，1989年，第218页。
⑨中国银行北京分行、北京市档案馆编：《北京的中国银行(1914—1949)》，北京：中国金融出版社，1989年，第218页。
⑩宋杰著：《中国货币发展史》，北京：首都师范大学出版社，1999年，第285页。

第四章

十二月花名

(门头沟流传的京西太平鼓绳歌儿)

正月里地草花,萌芽出土,有孩儿跑竹马嬉笑迎春。

二月里太阳花,新朝阳开放,王世充放风筝有影无踪。

三月里桃杏花,纷纷降瑞,有刘备和关羽结拜弟兄。

四月里黄瓜花,半盘銮驾,小唐王游地宫一十八层。

五月里麦子花,磨成白面,孔夫子李老君指向乾坤。

六月里苜蓿花,绿叶相衬,有丁郎扛雨伞寻找父亲。

七月里穈黍花,碾成细米,有杜康造高酒醉倒刘伶。

八月里荞麦花,铃铛相衬,有敬德和白袍跨海征东。

九月里黄韭花,严霜打死,孟姜女想丈夫哭倒长城。

十月里松柏花,唰唰落地,韩湘子提花篮三度林英。

十一月里大雪花,满天作雾,吕蒙正去赶斋有去无回。

十二月里灯草花,家家向上,宋太祖送京娘千里同行。

从《中国岩画展》谈京西太平鼓溯源

在 2015 年的炎炎夏日，由首都博物馆倾力支持提供场地，举办了由中国岩画学会主办，广西壮族自治区崇左市人民政府协办的"亘古天书——中国岩画展"及"第二届中国·国际岩画论坛"。本展览通过展出世界岩画遗产概览、中国岩画环境、实体照片、岩画文物、同期文化生态实物（文物）；有代表意义的岩画复制品、拓片、线描图；以及陶器、青铜器等共计 152 件套实物，164 件辅助展品，共分为三个单元，即第一部分：五洲同语——史前文明时期至今的世界岩画遗存；第二部分：九域传奇——遍布中华山川的岩画岩刻；第三部分：文脉千秋——中国岩画遗产的研究保护。通过展示中国和世界古代岩画的分区分布、古代岩画的精彩作品、岩画艺术以及 100 年来继承发展和岩画的保护研究状况，反映岩画是人类、是中华民族宝贵的文化遗产。在"亘古天书——中国岩画展"中有一段视频资料，播放了广西花山岩画。广西花山岩画于 1988 年 1 月被国务院公布为全国重点文物保护对象；2007 年被国家文物局列入《中国世界文化遗产预备名单》；2016 年被联合国教科文组织第 40 届世界遗产委员会列入《世界遗产名录》。

"太平鼓"历史悠久，是一门流行在中国北方的北京、河北、辽宁等地区的民间舞蹈表演艺术。它在历史上几经盛衰，在京西地区已经流传了二三百年。太平鼓自明代已在北京流传，清初的京城内外，太平鼓极为盛行，明清大量诗文对此有所记录。在清代，太平鼓已传入门头沟地区。历史上门头沟很多村落几乎家家户户都会击打太平鼓。在作为"天朝大国"的清代宫廷中,旧历除夕要击打太平鼓,取其"太平"之意。太平鼓在每年的腊月和正月最为活跃,在当地的岁时民俗活动中很吸引人,百姓们击打太平鼓更是对太平盛世、国泰民安的期盼。打太平鼓不仅可以烘托节日气氛,在某种程度上也可以折射出北京地区的节庆习俗。

2006年5月20日,经国务院批准,由门头沟区申报的"京西太平鼓"被列为首批国家级非物质文化遗产保护项目。2008年,石景山太平鼓、丰台区怪村太平鼓被列为"京西太平鼓"的扩展地区,也列入了国家级非物质文化遗产。为了与外省市的太平鼓舞蹈加以区别,门头沟区在进行非物质文化遗产申报的时候,特意在"太平鼓"的前面加上了"京西"二字,正式把这种民间舞蹈的名称定为"京西太平鼓"。

那么京西太平鼓与先民古老而原始的无墨天书——岩画又有着怎样的联系呢?京西太平鼓的前世又经历了些什么呢?笔者通过个人办展的经历与研究,勾连起岩画与京西太平鼓,在此做一个颇有趣味,融会贯通的探讨,让文物见证历史。

一、中国岩画概述

岩画,被世界通称为岩石艺术,是古代先民凿磨或彩绘于山崖岩石、洞窟周壁上的图形语言,是文字出现前的"文字",是没有疆界的史记,是不分民族的无墨天书。它当然是史前文明当中人类共同的母语,是石器时代开始的原始艺术。岩画创造的艺术形象表达了当时人类的情感与主观意识,对当时人类的生活是一种艺术再现。因此,今天世界各地的人们都在研究岩画,希望破解那些留在石头上的历史,以及这些图画形成的文化概念和其他一切现在的人们想知道的文化内涵。中国是世界上岩画最丰富的国家之一,也是最早发现和记载岩画的国家。中国岩画发现于公元前5世纪的战国时期,在《韩非子》和《山海经》《水经注》等著作里都记载了岩画。

在中华大地上岩画的分布十分广泛，初步普查表明，东起大海之滨，西达昆仑山口，北至大兴安岭，南到珠江流域，已有28个省市区的120多个县域，包括港澳台地区，有1228处岩画遗址记录在册。分布广，数量大，已成为世界岩画的重要组成部分。据目前考证，最早的岩画创作于旧石器时代晚期，距今已有一万多年历史，新石器时代之后更加繁盛，其内容之精深令人惊叹不已，无论是人物动物、天体星辰、狩猎围捕，还是图腾崇拜、宗教信仰、生命延续、战争虐杀，在岩画中都有生动表现。现代岩画研究将其分为北方、西南、东南沿海及中原四大系统。

北方系统岩画，分布于黑龙江、吉林、辽宁、北京、河北、山西、陕西、内蒙古、新疆、宁夏、甘肃、青海等十多个省、市、自治区；东起大小兴安岭，向西延伸至阴山、贺兰山、阿尔泰山、天山和昆仑山。创作时间从旧石器时代至明清时期，写实与抽象的、夸张的艺术风格共存，技法大都为凿刻研磨，也有少部分的彩绘岩画。这是古代河套文化、红山文化等为主的部落间战争、狩猎、游牧生活和思维意识的真实写照。

西南系统岩画，分布于西藏、云南、广西、贵州、四川等七个省市区；这一区域多数地方群山起伏，河流纵横，岩画多被刻画于河畔崖壁或山体洞窟上，占我国彩绘岩画总量的百分之七十以上。其艺术风格古朴，推断是古开阳人、骆越人和吐蕃人的作品。内容既体现了不同地域古人的不同生产生活形式和宗教祭祀活动，也反映了先民们的生态环境、追求和信仰。这一区域有大量的古人类活动遗迹，目前发现的岩画大都属于战国时期的滇云文化、蜀文化、黔贵文化等。

东南沿海系统岩画，主要分布在浙江、江苏、福建、广东、台湾和港澳等地，东南海岸长达万余公里，有渤海、黄海、东海、南海四大海区。其岩画年代自商周时期至明清时期，甚至也发现有新石器时代早期的岩画。制作技法大都采用凿刻，带有抽象化和符号化倾向。内容有人物、足或手印、鸟、兽、花草、船、建

图1：内蒙古阴山岩画核心区

图2：宁夏贺兰山岩画

图3：内蒙古乌海市桌子山召烧沟岩画区

图4：广西花山岩画

图5：北京地铁二号线建国门站壁画（内容为江苏连云港将军崖岩画）

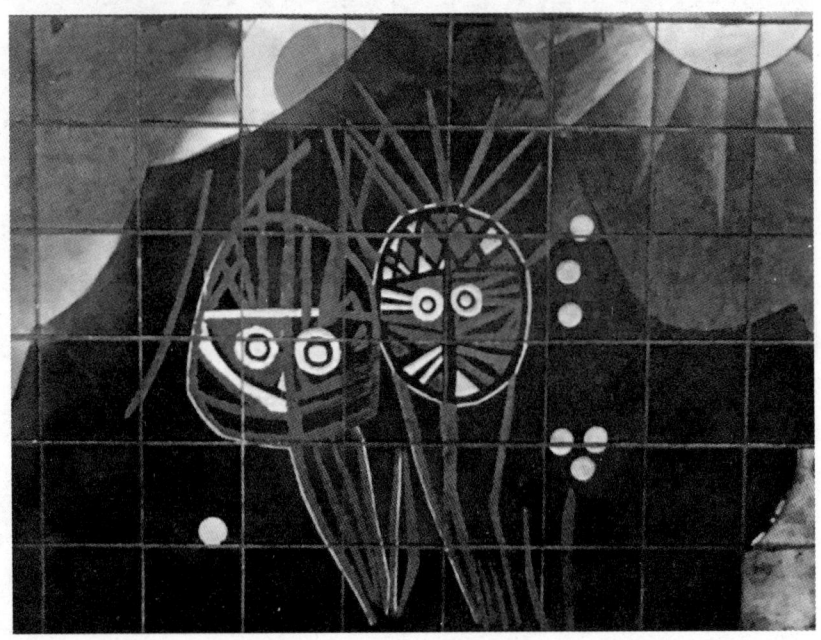

筑等，并以海事宗教祭祀活动为主。这一区域的古越族等先民，创造了吴越文化、河姆渡文化、闽文化，主要从事海洋捕捞业和早期的农业耕耘，而岩画内容多与海事活动有关，因此推断应是古越等民族文化遗存。

中原系统岩画是我国岩画遗址发现较晚的一部分岩画，主要分布在安徽、江西、湖南、山东、河南等地。岩画创作构思基本以人物、动物、祭祀、凹穴等图像为主，制作技法上大都以敲凿法来凿刻研磨岩刻，特别是以凹穴为主的岩画类型居多，也有少量的彩绘岩画，其内容反映了中原旱作与水田农耕文化并存的特点。中原系统岩画是中原上古艺术家们深邃的思想创造。人们很容易将其与中原传说中的炎黄时代、华夏民族的起源和中华早期历史联系在一起。

二、展览中关于广西左江花山岩画

在"亘古天书——中国岩画展"中有一段视频资料，播放了广西花山岩画。恰恰是这一段视频的播放，引起了笔者对岩画的强烈兴趣。

广西崇左市位于中国南疆，境内广泛分布着典型的喀斯特地貌，左江及其支流明江蜿蜒流淌，曲折盘旋于喀斯特峰丛洼地中。左江两岸200多公里的悬崖绝壁上，保存有大量的古文化遗迹——岩画，是中国南方壮族先民骆越人的伟大创造。

岩画自明江上游第一处珠山岩画开始，沿蜿蜒东流的左江至江州区的万人洞岩画，绵延105公里。花山岩画因其规模宏大、场面壮观、图像众多而举世闻名，是左江流域岩画的典型代表。左江花山岩画是骆越部族或部落联盟中居住在左江流域的氏族及部落所绘制。露天临江峭壁的独特选址，对作画技术有着极高的要求。岩画的绘制技术主要有写意法、勾边填涂法、重复涂绘法及以点定位法等四种。绘制颜料是使用在岩画遗址中较为常见的赤铁矿，主要成分是氧化铁，也称红土、铁红。颜料中使用的黏合剂，经检测含有植物性胶结材料，如植物树液。

据记载，战国至秦汉时期，左江流域是古代骆越人聚居的地方，岩画中人物的发式、划船的图像、人像等皆与骆越人习俗相呼应。图像以人像为主，表现主题多为群体性祭祀场景，反映骆越人的社会生活、思想观念和精神文化。图像大致可归纳为人物、器物、动物、圆形图像等四大类。

现存图像有1800多个，包括人、动物、铜鼓、刀、剑、钟、船等，其中人像有1500多个。圆形图像数量较多，目前尚能辨认的有360多个，占全部图像的9%，仅次于人物图像。圆形图像可分为单环形、双环形、三环形、实心形、空心芒线形等5种类型。这些圆形图像除了少数属于日、月、星辰等天体图形外，大部分都为铜鼓。骆越族是铸造铜鼓最多并长期使用铜鼓的民族之一，岩画中描绘"击鼓集众"等场面，是骆越人使用铜鼓的真实记录，这些都是左江流域岩画的制造者为骆越人的佐证。

在展览的视频中，也提到了花山岩画中"数不清"的铜鼓。由于笔者曾对北京门头沟地区的非物质文化遗产——京西太平鼓有过专门的研究，对历史上的鼓有着特别的关注。那么岩画既然是石器时代的先民所绘制，广西花山岩画所绘制铜鼓，又是什么时期的呢？带着这样的疑问，笔者咨询了中国岩画学会的王建平会长。王建平十分谙熟地回答了笔者的疑问，即花山岩画的绘制年代大致从周代一直延续到汉代，也就是青铜时代晚期至铁器时代早期。笔者曾经了解过的一面中国国家博物馆馆藏的汉代青铜鼓，出土于广西壮族自治区，据介绍是中国古代骆越族的一种重器，瞬间浮现在笔者脑海里。岩画与文物完全对应，打开了笔者对于历史上的鼓所了解的盲区，在激起兴趣与惊喜之余，笔者也深深感慨，文物见证历史！

图6：广西花山岩画

三、历史上的鼓

俗话说:"水有源,树有本。"要研究太平鼓,首先就要追根溯源,弄清楚其来龙去脉,历史源流,了解鼓的历史,搞清楚发展脉络,才能进一步研究太平鼓的历史作用和意义。

"鼓"是一种常见的打击乐器,同时也是一种历史悠久的打击乐器。传说远古时有伊耆氏用土制鼓,又传说夏后氏有一种鼓是有足的。在人类发展史上出现得比较早,从目前发现的出土文物来看,山西襄汾陶寺遗址早期大墓出土的土鼓可以确定大约有4500年的历史。在殷墟出土的甲骨文中,已经有"鼓"字,进一步表明远在三千年前的商代,已经有此乐器。古代历史上,在春秋时期鲁国人左丘明编写的《左传》中有"一鼓作气"的成语,是有关于军队中用鼓声发号施令的记述。从原始的陶鼓、土鼓、皮鼓、铜鼓,一直发展到了今天种类繁多的现代鼓,鼓一直都是最为人们喜爱和广泛应用的乐器之一。

对于文献与文物证明历史,观复博物馆馆长马未都先生在其著作《马未都说收藏》的自序中曾经有这样一段话:"我们了解历史一般通过两个途径——文献及证物。文献的局限在于执笔者的主观倾向,以及后来人的修饰,因此不能保证客观真实地再现历史。证物不言,却能真实地诉说起文化背景,描述成因。文明的形成过程是靠证物来标定坐标,汇成进程图表。"[①]为此,笔者抛开枯燥的文献考证,通过中国国家博物馆馆藏的几件鼓的藏品,形象生动地介绍若干历史坐标上鼓的演变。

1.彩陶鼓,新石器时代后期,属于马家窑文化,1986年甘肃省兰州市永登县乐山坪出土,长36.9厘米,大口径2.92厘米,小口径9.3厘米。这一地区出土的新石器时期马家窑类彩陶鼓,被史学界称为鼓的"鼻祖"。

"远古时期的鼓分木鼓和陶鼓两类。早期的鼓可能是受到陶罐、陶盆等容器的启发而创造出来的，因此在形式上带有陶器的烙印。木鼓因材料易朽，实物很难见到，而陶鼓则质地坚硬，即使鼓皮、附件等朽烂无存，鼓身却可以保持比较长的时间。由于鼓有良好的共鸣作用，声音雄壮而且可以传送很远，所以在远古时期的祭祀、乐舞、征战、狩猎等活动中多有使用，有时也兼作报时、报警等工具，尤其被尊奉为通天的神器。"②

2. 青铜鼓，战国（公元前403年—前221年），1975年云南楚雄万家坝1号墓出土，通高40.4厘米，面积47厘米，足径68.9厘米。

"器面平，曲腰，四环耳，中空无底。器腰部饰一周云雷纹。此式青铜鼓大约是春秋中期之后流行于今云南、广西、贵州、广东、湖南等地，与当时中原地区两端收敛的筒形鼓不同，具有鲜明的地方特色。出土此面青铜鼓的云南楚雄万家坝1号墓中还发现鼓面留有烟炱者以及与鼓同形而倒置用作炊具的釜，说明这一地区的青铜鼓系由釜发展而来，而且此时的青铜鼓，尚处在炊具、乐器不分的发展阶段。"③

3. 五铢钱纹铜鼓，汉，1954年广西壮族自治区岑溪县出土，通高57.2厘米，面径90厘米，底径87.9厘米。此鼓由鼓面、胸、腰、足四部分组成。鼓面大于鼓腰，胸、腰间铸有鼓耳，可系绳悬吊。鼓面边缘环铸6只蹲着的青蛙，中心有12角光芒体。鼓面和周身间饰五铢钱纹、水波纹和云纹。

"青铜鼓是中国古代南方少数民族的一种重器，在盛大的典礼上作为乐器，在作战时作为战鼓，还可用作葬具、炊具，是古代少数民族贵族统治权力的象征。这面广西岑溪出土的青铜鼓，体型凝重，形象精巧，纹饰清晰。其鼓面中心饰以一轮太阳纹，象征着人们对太阳的敬仰和崇拜。鼓面中心装饰凸起的光体，不但声音容易传播，而且可以起到在重槌之下防止塌陷的作用。鼓面及周身装饰五铢钱纹，是汉代中原地区青铜器上的常见纹饰，表达了人们祈求富贵的美好愿望。"④

西瓯和骆越是百越族的两大重要支系。西瓯主要分布在今广西北部，以桂林为中心，而骆越则分布在广西西南及海南岛、越南等地。早在公元前221年，秦始皇统一六国后，征服了南越和西瓯地区，置桂林、象郡、南海三郡。

"伴随着血与火的武力征伐和中原王朝的统一管理，西瓯、骆越地区的文化风貌发生了很大的变化。秦与西汉时期，大批中原汉人迁居岭南，与越人杂居，西瓯、骆越的文化受到中原先进生产技术的影响。东汉时期，在广西地区墓葬的随葬品中，形制独特的越式器物已不常见，而专门用于陪葬的明器数量剧增，尤其象征庄园经济生活的井、灶、仓、圈以及猪、狗、牛、羊、鸡、鸭等家畜、家禽模型大量出现，反映了当时的厚葬风气以及庄园经济的发展，显示了西瓯、骆越地区的文化风貌与中原汉文化已经趋于一致。"⑤这一段国家博物馆的文物说明，广西骆越族的历史及其铜鼓的使用与广西花山岩画上"数不清"的铜鼓完全对应。

4. 国家博物馆的镇馆之宝之一，就是举世闻名的击鼓说唱陶俑，来自东汉，明器，1957年四川省成都市天回山出土，高56厘米。在这个陶俑上也出现了鼓的形象。"这是一件富有浓郁民间气息和地方风貌的雕塑作品。击鼓说唱俑头上戴帻，额前有花饰，袒胸露腹，两肩高耸，着裤赤足，左臂环抱一扁鼓，右手举槌欲击，张口嬉笑，神态诙谐，动作夸张，不仅传神地再现了正在说唱的俳优形象，更成为东汉雕塑艺术的代表。"⑥

5. 击鼓陶俑，北朝时期的北魏，明器，1953年陕西省西安市草场坡墓出土，高29厘米。"这座墓内出有仪仗俑约60件，其中击鼓俑3件，吹角俑2件，击锣俑1件，是仪仗俑群中的'鼓吹'队伍。当时，高官才被皇帝赐予'鼓吹'，即敲击和吹奏乐器的队伍。仪仗队中有前部鼓吹和后部鼓吹，官员出行时，鼓吹之声震天，以显示其威赫。"⑦

6. 铜鼓，宋，高26厘米，径46.7厘米，重15.5公斤。"此鼓腹空，鼓面九晕，中有十二芒，芒间夹有曲线纹。鼓身上端相间乳钉，中饰云纹、回纹。下部饰，回纹、云纹，底边饰三角纹。鼓身两侧各有双扁耳。此鼓为我国西南少数民族常用的歌舞乐器，源于战国西汉时期，至明清沿用不衰。"⑧

图 7：国家博物馆藏击鼓说唱俑

结合有关鼓的历史文献与文物的对应，大致可以总结出鼓在历史上有这样几种功能：祭祀、军事、庆典，这是鼓最普遍的用途。但是通过上述六件中国国家博物馆收藏的鼓，覆盖了从新石器时代到战国、汉、南北朝、宋等时期，不难得出这样的结论：第一，鼓可能是起源于陶罐、陶盆等容器而发明出来；第二，鼓除了上述四种重要功能外，还具有炊具、报警、报时工具，以及贮存财物和尸骨的功能；第三，鼓的制作是所处历史时期工艺技术水平的反映，同时鼓的制作技艺受到地域文化、民族文化的影响。

四、什么是京西太平鼓

"太平鼓"有广义和狭义之分。初看太平鼓，一般给人的印象是一种乐器，正如鼓在历史上的作用一样。这恰恰是狭义上的太平鼓，指太平鼓舞蹈所用的舞具——单面鼓。实际上从广义讲，太平鼓是一种舞蹈，即以单面鼓为舞蹈器具的一种民间舞蹈。

1. 单面鼓是太平鼓舞蹈的标志，人们以单面鼓代指太平鼓舞蹈

作为一种舞蹈的舞具，太平鼓所用的道具是打击乐器"鼓"中的一种——单面鼓。这种鼓具是平面形的，面积比较大，但是重量却很轻，就是十来岁的小姑娘抡起来也不很费力，因而很适合用作于舞蹈的器具。

太平鼓舞蹈中所用的单鼓是鼓中的一种，它不同于普通意义上的鼓，没有鼓腔、鼓帮，而是安装有手柄，形如蒲扇，是一种单面鼓。太平鼓不仅是一种舞蹈器具，而且还是舞蹈的伴奏乐器，在太平鼓舞蹈中，这两种作用兼而有之。这种特殊形状的单面鼓是太平鼓舞蹈的标志物，人们看到了这种鼓就知道是太平鼓这种民间舞蹈的专门用具，从而就想到了太平鼓舞蹈，因而也称这种单面鼓为"太平鼓"，并且用这种鼓来指代太平鼓舞蹈。这里所说的"太平鼓"，主要是指太平鼓的广义概念。

图 8：20 世纪 50 年代的京西太平鼓

2. 太平鼓是一种民间舞蹈的名称

"太平鼓"不仅是指这种舞蹈所用形似蒲扇的单面鼓，更是指以单面鼓为道具和伴奏乐器，广泛流行在京西地区的一种民间舞蹈，并以此作为这种舞蹈的名称。在进行舞蹈的时候，表演者以带手柄，形似蒲扇的单面鼓作为舞具，并以鼓点儿为音乐伴奏，有的地方还要间舞间唱，这就是这种舞蹈的特点。这种舞蹈最少要由两个人表演，也可以多人同舞。太平鼓的表演有固定的套路，舞蹈表演的基本方式分为两种，一是走队形，二是对舞。现代经过改革，又发展出来了"群舞"。因为太平鼓是以两个人的对舞为主要的舞蹈单元，所以参加表演者的人数一般都是双数。

太平鼓还有许多别称，例如"迎年鼓""胜利鼓""和平鼓""单鼓""猎鼓"等。"迎年鼓""胜利鼓""和平鼓"的名称是仅限于某个历史时期的特殊称呼；"单鼓"和"猎鼓"是个别地区，或从事某种活动时对太平鼓的俗称，只有"太平鼓"这个名称被广大人民群众所认可，认为应该是这种民间舞蹈的正式名称，其寓意吉祥，史籍上也多见记载。

在我国各种鼓具中，大都是以形状、材质、持鼓方式、用途等命名。如大鼓、长鼓、八角鼓、圆鼓；铜鼓、木鼓、铁鼓；手鼓、腰鼓；以及用于军事的战鼓；历史上祭祀所用的雷鼓、灵鼓、路鼓等。而将人们的愿望、理想、期盼赋予鼓名的甚少。自古以来，我国各族人民就特别注重吉利、祥瑞的心理感受。在生产力低下的社会环境中，人们与大自然相处和斗争的过程中，避祸祈福的心理诉求和行为规范在生活中广泛存在。太平鼓所表达的正是追求吉祥幸福、欢乐喜庆、社会安定、天下太平等带有强烈主观色彩的情感、愿望的象征物。太平鼓自出现以后曾有扇鼓、迎年鼓等不同叫法，但太平鼓的名称最终流传下来，可见这一名称更为契合人们的心理，更被社会所认同和接受。采用缘物寄情、托物取喻的方式来寄寓美好向往，是中国人传统的行为方式。太平鼓始于祭祀，活跃于旧时年节，辉煌于当今和平盛世，都可以佐证其祈求太平的文化内涵。

太平鼓既是民间舞蹈的名称，也是舞蹈中的标志性道具，更是民众百姓善良美好的主观愿望的反映。太平鼓所体现的这些文化内涵，是劳动人民在长期劳动生活中逐渐沉积下来的，它深厚、久远而博大，也正是因为太平鼓意味深长，才使其广泛持久地在京西流传，这是毋庸置疑的原动力之一。因为无论社会怎样进步发展，天下太平永远是人们的美好希冀。

3. 京西太平鼓

太平鼓经过了人们数百年的祖辈相传、多代人的口传心授，至今一直保持着朴实无华、健康活泼的艺术特色。现今在北京地区主要流行的太平鼓集中于西部的门头沟、石景山、丰台、房山等地区，由于地理方位，人们习惯称这种民间舞蹈为"京西太平鼓"。2006年5月20日，经国务院批准，由门头沟区申报的"京西太平鼓"被列为首批国家级非物质文化遗产保护项目。门头沟区申报时特意在"太平鼓"的前面加上了"京西"二字，正式把这种民间舞蹈的名称定为"京西太平鼓"。

在这四个地区中，以门头沟的太平鼓最具有代表性。太平鼓作为一种老百姓自娱自乐的民间舞蹈，深入门头沟人民的心中。从区域东部的永定河边到西部的百花山下，几乎每个村子的村民都有打太平鼓的传统，从历史上以采煤业为主的工矿区，到西部以农林为业的深山区，到处都可以听见太平鼓的"咚咚"声，太平鼓是门头沟区在春节前后最普遍的一种民间文化活动。

五、小结

从古老而原始的中国岩画上铜鼓的绘制，到依然活跃在今天的京西太平鼓，鼓穿越了中国漫长的历史，跋涉着中国朝代的更迭，它的工艺制作、作用和功能到今天已经发生了巨大的变化。岩画上的铜鼓，与当时的文物对应吻合，也反映了当时人们的生活与习俗，体现了文物与历史的互通互证。今天，京西太平鼓以其特有的民族特色和地域特色,多次在国家大型庆典上进行表演,并且走出了国门到海外去进行表演。鼓依然焕发着勃勃的生机和活力,见证着国家的繁荣和百姓的安居乐业,在太平盛世中走向辉煌。

参考文献:

① 马未都著:《马未都说收藏》,中华书局,2008年,第1页

② 王月前,《中国国家博物馆古代中国陈列》(二),http://www.chnmuseum.cn/tabid/212/Default.aspx?AntiqueLanguageID=625

③ 黄一,青铜鼓,http://www.chnmuseum.cn/tabid/212/Default.aspx?AntiqueLanguageID=1958

④ 陈成军著:《文物里的古代中国》中册,2012年,http://www.chnmuseum.cn/tabid/438/InfoID/78408/frtid/285/Default.aspx

⑤ 陈成军著:《文物里的古代中国》中册,2012年,http://www.chnmuseum.cn/tabid/438/InfoID/78408/frtid/285/Default.aspx

⑥ 王永红著:《文物里的古代中国》中册,2012年,http://www.chnmuseum.cn/tabid/438/InfoID/77923/frtid/285/Default.aspx

⑦ http://www.chnmuseum.cn/tabid/212/Default.aspx?AntiqueLanguageID=765

⑧ 乔万宁著:《中国国家博物馆古代中国陈列》(二),http://www.chnmuseum.cn/tabid/212/Default.aspx?AntiqueLanguageID=765

谈非物质文化遗产京西太平鼓的保护

联合国教科文组织《保护非物质文化遗产公约》定义：非物质文化遗产指被各群体、团体、有时为个人所视为文化遗产的各种实践、表演、表现形式、知识体系和技能及其有关的工具、实物、工艺品和文化场所。各个群体和团体随着其所处环境、与自然界的相互关系和历史条件的变化不断使这种代代相传的非物质文化遗产得到创新，同时使他们自己具有一种认同感和历史感，从而促进了文化多样性和激发人类的创造力。

"太平鼓"历史悠久，是一项流行在中国北方的北京、河北、辽宁等地区的民间舞蹈表演艺术。它在历史上几经盛衰，在京西地区已经流传了二三百年。太平鼓自明代已在北京流传，清初的京城内外，太平鼓极为盛行，明清大量诗文对此有所记录。在清代，太平鼓已传入门头沟地区。历史上门头沟很多村落几乎家家户户都会击打太平鼓。在作为"天朝大国"的清代宫廷中，旧历除夕要击打太平鼓，取其"太平"之意，所以北京也称太平鼓为"迎年鼓"。太平鼓在每年的腊月和正月最为活跃，在当地的岁时民俗活动中很吸引人，百姓们击打太平鼓更是对太平盛世、国泰民安的期盼。打太平鼓不仅可以烘托节日气氛，在某种程度上也可以折射出北京地区的节庆习俗。

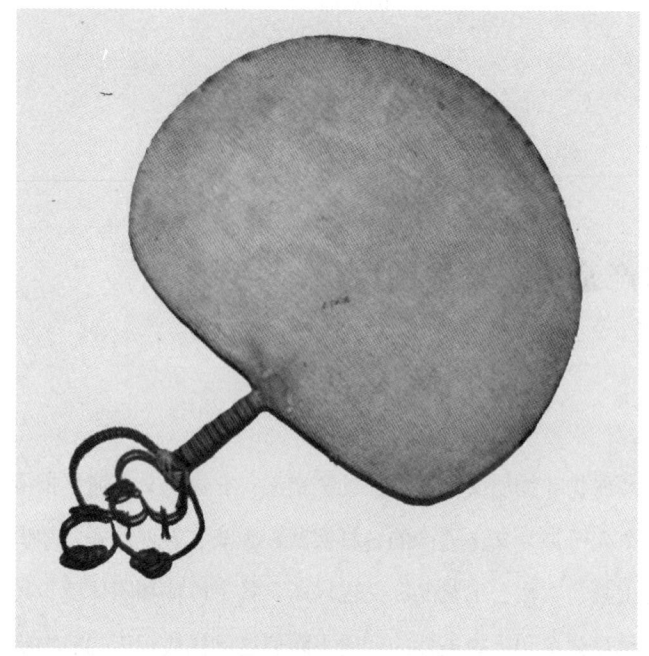

图1：永定河博物馆藏京西太平鼓

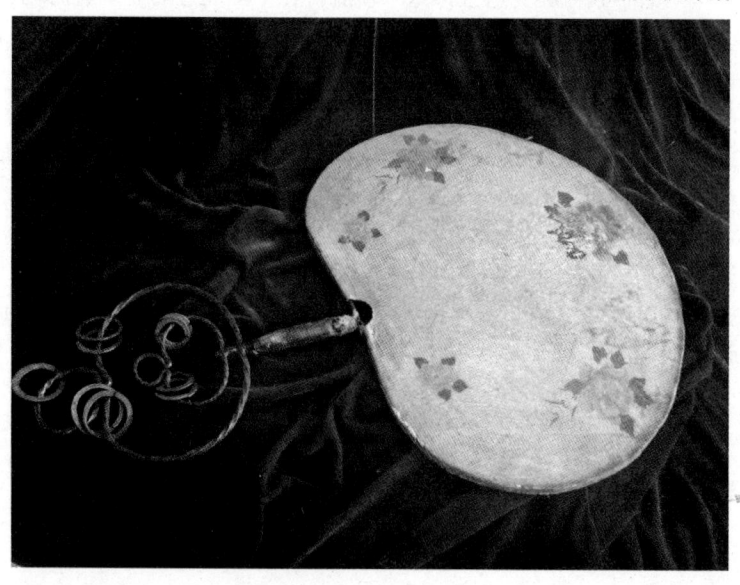

图2：永定河博物馆藏京西太平鼓

2006年5月20日,经国务院批准,由门头沟区申报的"京西太平鼓"被列为首批国家级非物质文化遗产保护项目。2008年,石景山太平鼓、丰台区怪村太平鼓被列为"京西太平鼓"的扩展地区,也列入了国家级非物质文化遗产。为了与外省市的太平鼓舞蹈加以区别,门头沟区在进行非物质文化遗产申报的时候,特意在"太平鼓"的前面加上了"京西"二字,正式把这种民间舞蹈的名称定为"京西太平鼓"。

京西太平鼓作为历史悠久的地域性民间舞蹈样式,在新时期得以延续,风生水起,生命力得到新的诠释和升华,应当是有效保护的结果。所谓保护,就是使文化遗产得到传承延续,我们需要采取怎样的措施,如何保护,保护什么,谁来保护等。保护是一个长期的过程,这个过程是对文化遗产进一步确认的过程,也是文化进一步传承、发展、创新的过程。对于京西太平鼓的保护在文化传承与创新中的作用,门头沟在工作实践中对我们有宝贵启示。

一、开展普查、调研是保护工作的基础

"中国民族民间文艺集成志书"的编撰,是新时期非物质文化遗产抢救与保护工作中令人瞩目的成就,对京西太平鼓的传承、保护有不可低估的示范作用。被誉为"中国文化长城"的中国民族民间文艺集成志书的编撰及普查、研究、出版工作的启动,是我国20世纪抢救与保护非物质文化遗产的宏大工程,涵盖了民间文学、民间音乐、民间舞蹈、戏曲、曲艺5个艺术门类的10个领域。

1983年,北京市民间舞蹈集成编辑组董敏芝、阮兰玉和门头沟文化部门的董秀森、焦志刚等工作人员深入民间搜集、整理太平鼓艺术,并应用在创作实践中,取得了可喜的研究成果。当时条件艰苦,到各个村落的道路都是土路,汽车不通,他们下乡时乘坐130货卡,将自行车一同带到乡里,然后再骑车下村,深山区的村落分散,有的完全靠步行,每次下乡都要几天再返城。门头沟区具有典型性代

表的太平鼓老艺人高殿启、李全友、阎锡青、鲁香林等人参加了这次太平鼓的传授工作。

门头沟文化馆副研究员董秀森曾长期致力于太平鼓艺术搜集、整理、研究。他回忆当年调查时的情景，太平鼓无论是鼓点、套路、绳歌完全没有文字流传，太平鼓的传承全靠口传心授，对保护和传承十分不利。经过整理的门头沟太平鼓被收入《中国民族民间舞蹈集成·北京卷》《中国民间歌曲集·北京卷》中，从口传心授到鼓谱、曲谱、歌词形成书面化。在采访和调查中，为太平鼓老艺人建档，做了录像，留下了宝贵的影像档案资料。现在的太平鼓既有文字范本可考，又有音像资料可查。

京西太平鼓的有效保护首先得益于"中国民族民间文艺集成志书"这项工程的开展和实施。《中国民族民间舞蹈集成·北京卷》《中国民间歌曲集·北京卷》的搜集、整理、编撰对太平鼓的传承、保护至关重要，取得了丰硕成果。同时，这一普查、研究工作也促进了各项民间文化的保护工作展开。门头沟区本着对民间文化的重视和爱护，从20世纪80年代起文化部门开展广泛普查、调研工作，收集本地区民歌近400首；民间故事、传说400余个，民间小吃上百种，民间戏曲4种，剧目数十个，民间音乐曲谱100余首，民谣民谚6000余条，整理记录民间花会16种40余档等。

这一过程培养锻炼了队伍，无论是专业文化工作者还是民间的太平鼓艺人，传承、保护、弘扬的意识都得到明显提高；同时激发了文艺工作者的创作热情。1984年，门头沟组织300余人的太平鼓队伍参加了国庆三十五周年的天安门游行表演；1988年，门头沟400人的太平鼓表演队参加全国农运会开幕式演出；1990年，门头沟800人的太平鼓表演亮相于北京第十一届亚运会开幕式上。

2002年在北京市的支持下区政府再次拨专款并组织人员对太平鼓进行以"保护北京民间艺术，打造门头沟特色文化品牌"为主题的挖掘、保护、弘扬工作。2002年京西太平鼓列为北京市民间文化重点保护项目。

无疑，普查工作是非物质文化遗产保护的重要基础，通过普查不仅获得大量珍贵的文化资源信息、资料，摸清了"家底"，同时为进一步的保护工作创造了条件。门头沟区在对京西太平鼓的搜集整理的基础上，加大了对太平鼓文化的理论探讨，多年来召开不同层面的座谈会、研讨会、专家论证会等；80年代以来京西太平鼓研究成果显著，太平鼓艺术研究、太平鼓文化研究及历史研究的著述不断涌现，分别是董秀森的《京西太平鼓》、魏洲平的《关于太平鼓的有关问题》、梁云龙的《花会中的太平鼓》和李元强、潘慧楼的《京西太平鼓》。

对太平鼓的重视，在整理、挖掘工作中的严谨态度，原始、翔实的资料为太平鼓的传承发展打下了坚实的基础；同时理论工作的深入对太平鼓的保护起了积极的推动作用。

二、京西太平鼓的"申遗"成功，对保护的重要意义

2005年京西太平鼓"申遗"工作开始，这一阶段工作的主要特点是门头沟区对京西太平鼓的传承、保护，无论在观念上还是在具体工作中，都已经达到比较自觉和积极的状态。

2005年，国务院办公厅下发了《关于加强我国非物质文化遗产保护工作的意见》（国办发〔2005〕18号），同年，文化部下发了《文化部办公厅关于开展非物质文化遗产普查工作的通知》（文办社图发〔2005〕21号），北京市人民政府办公厅也下发了《关于加强本市非物质文化遗产保护工作的意见》（京政发〔2006〕1号），对北京市各区县非物质文化遗产普查工作进行了具体的安排。

在这一重要节点，门头沟区没有犹豫和等待。门头沟区以"申遗"为契机，组织动员上百名调查员深入村镇实地调查采集了数百种非物质文化遗产项目，在普查的基础上编印了《门头沟区非物质文化遗产普查项目汇编》《门头沟非物质文化遗产名录论证报告汇编》等，共计40余万字。记录了40项普查项目，23项区

级非物质文化遗产，其中申报北京市非物质文化遗产名录项目11项，国家级非物质文化遗产项目3项。这次普查工作不仅对全区宏观性的京西太平鼓生存、发展状况做了调查、梳理，还对全区各村镇太平鼓状况做了详尽了解，进行填表登记。

2005年9月在进一步普查和整理的基础上，门头沟区文化委员会正式提出京西太平鼓申遗报告，申报北京市级非物质文化遗产，同时申报国家级非物质文化遗产。此项目在同一年顺利通过专家组的论证。2006年5月20日，经国务院批准，门头沟区申报的"京西太平鼓"被列为首批国家级非物质文化遗产保护项目。2006年6月10日，京西太平鼓正式入选国家级非物质文化遗产代表作。(《国家级非物质文化遗产代表作申报书》详见附件)。2008年，石景山太平鼓、丰台区怪庄太平鼓被列为"京西太平鼓"的扩展地区，也列入了国家级非物质文化遗产。申遗的成功，使京西太平鼓的保护进一步得到保障，发展有了质的飞跃，可以说是一个重要的里程碑。从此京西太平鼓打上了中国非物质文化遗产的烙印，代表中国的民间传统文化走向更为广阔的世界舞台。

自2006年申办国家非物质文化遗产以来，京西太平鼓呈现跳跃式发展的良好态势，庆典、展演、庙会、舞蹈比赛、民间交流、国际交流等多层面立体式市场体系已经形成，参加有重大影响的活动是近年来京西太平鼓发展的一大亮点，显示出申遗成功活力。京西太平鼓真正成为人们喜爱的民间艺术，成为门头沟的一张文化名片。

门头沟京西太平鼓申遗工作的成功，是对以往传承保护工作的确认，同时以此为起点，重新审视传承、保护工作中的问题，制定切实可行的措施、更加科学规范的计划，使传承、保护工作进入一个全新的更高的发展阶段。

图 3：2006 年京西太平鼓在首都博物馆表演

三、不断突破表演瓶颈，以创新促进保护

任何非物质文化遗产都是具体人文环境与自然环境的产物，在社会发展和转型中没有创新就会萎缩或消失。因此，对太平鼓的保护工作也必须抓好两点：一是保护，保护首先是传承，传承是保留原来的，不中断，在传承中保护；二是创新，创新不是重新开始，不是抛弃，而是在前人原有的基础上创新，使太平鼓在创新中发展，拓展生存空间和扩大积极影响，增强生命力，这也是时代赋予的任务，单纯的原封不动的保护是消极的保护，是萎缩，不进则退。

京西太平鼓的发展过程既是嬗变的过程，也是在尝试和创新中得到升华的过程。

1953年，西店村老艺人樊宝善组织队伍参加北京市劳动人们文化宫的演出，演员以门头沟煤矿工人为主，舞蹈名称为《和平鼓》。至此，太平鼓从街头巷尾登上舞台，开太平鼓舞台演出之先河。

1977年，门头沟聘请东方歌舞团的田农同志和罗捷书同志与区文化部门的同志一起研究，从原始太平鼓舞蹈艺术中获取素材，编排了配乐舞蹈《胜利鼓》以表达庆祝粉碎"四人帮"，百姓为之欢欣鼓舞的愉悦心情，这一节目参加了国庆游行的调演并获得成功。

1984年，门头沟区组织300人的太平鼓队伍参加了国庆三十五周年天安门游行表演。这是太平鼓表演者首次参加大型的广场表演活动，参与人员创历史之最，为以后大型展演活动的人员组织、舞蹈编排提供了宝贵经验。

2006年，门头沟区太平鼓民间表演团第一次走出国门，参加"北京风情舞动悉尼"盛装游行活动，这是北京市组织的宣传北京和2008年奥运会的重大活动。为了适应国外的演出，时任总编导刘向阳对太平鼓的套路和舞蹈重新组合，突出亮点，突出神韵，队员身着色彩明快的民族服装，营造喜庆气氛，演出获得巨大成功。

图4：1953年太平鼓舞蹈队

图5：京西太平鼓舞台表演（门头沟太平鼓民间艺术团提供）

上述的表演成功,在太平鼓的发展和传承上有重要意义,它意味着太平鼓的突破和创新。首先,突破了太平鼓走向更大舞台的三个瓶颈,突破的第一个瓶颈是将原来适于庭院表演的太平鼓,本着既要保留主要套路的原汁原味,又要适应于时代的要求,加入现代的舞蹈元素,对于舞台表演、行进中的表演进行了大胆尝试和实践,取得了经验。突破的第二个瓶颈是将原来少数人自发、即兴,自娱自乐的太平鼓表演,经过改编、创新,以及组织、复制,演变为可以多元舞蹈元素组合、众多数量人员参加的集体舞蹈。第三个突破是通过大胆创新尝试,将带有中国传统的韵味和传统程式的曲牌与多元文化有机融合,使太平鼓在不同的国度、不同的语言和不同的文化背景下得到共鸣和认可,走出国门。

我们国家不断走向强大,大国就要有大国的风范。随着社会的发展,在广场、大街上表演越来越多,在大的场合表演需要大气,否则没有效果。经过数次改编的太平鼓大气磅礴,一往无前,体现了中华民族的崛起和复兴,体现了我们对中国梦的追求。

以上问题的突破和解决,实际是探索、创新的结果,也有利于太平鼓的传承、保护、利用、发展,太平鼓艺术是活态的艺术,一成不变就没有出路和前途。通过创新,太平鼓焕发出新的生命力,不仅是民众参与的娱乐活动,同时也已转化为体现民族精神文化内涵的表演,在传播、交流、审美、娱乐、庆典等多方面得到展示和提升,成为具有影响的民族文化品牌。

传承是非物质文化遗产的基本特点,进化是非物质文化遗产发展的基本规律,任何艺术的发展过程实际都是继承与创新的彼此融合的过程。传承不是脱离当下,发展不是抛弃过去,在任何时代背景下,任何艺术形式的继承与发展,一定不是原有的艺术形式的复制与照搬,而是在诸多因素的影响下,在原有艺术的基础上再创造、再发展、再创新的过程。京西太平鼓成功地将继承与创新、保护与发展巧妙结合,保证非物质文化遗产的"优秀基因"世代相传,又有利于促进在传承的基础上创新和发展,这应当是保护非物质文化遗产的应有理念。

四、保护非物质文化遗产，必须重视保护其生态环境

民间文化的生态环境保持得好，因而与其相关的民间艺术事项得以生存和延续，这已经被越来越多的人所认识。

京西太平鼓是一项地域性民间艺术，是京西地区民俗文化、地域文化的沉淀。因此，对它的保护不仅只是艺术形态的保护，还包括它的生存的环境依赖。京西太平鼓传承至今，良好的文化空间和氛围不可或缺。

其一，门头沟悠久的历史、独特的地理环境及深厚的文化背景，使其呈现文化的多元性、兼容性，既有浓郁的地方特色的民俗文化，也有丰富多彩的民间艺术。门头沟素有"民间花会之乡"的美称，百分之八十的村子都有自己的花会表演活动。太平鼓曾经在门头沟地区的近自门城镇远至妙峰山，以及百花山下的黄塔村、军响村等地广为流传，虽然经历了各种现代艺术形式的冲击，但由于深受民众喜爱，太平鼓依然留存和活跃。

其二，门头沟地处京西山区，长期处于城市的边缘，保留了大量的古村落。这些村落最早在辽代成村，大部分是明清时期的古村落。其中被评为中国历史文化名村的有三个：爨底下村、琉璃渠村、灵水村。被评为北京市历史文化古街区的有三家店村。至今仍然保持古村落风貌的村落有50多个，是北京最为集中的古村落群。这些村落不仅较好地保留了原生态的风貌和历史格局，同时承载着优秀的地域文化和民族文化。这些有形的乡村实体，是传统文化的土壤，对无形的、传统的、原生态的文化极为重要，不仅对保护有益，同时对传承有益。

图6：门头沟三家店

古村落在我国具有漫长的农耕文明史，是传统社会的重要单元组织。门头沟的古村落因历史原因和地理条件不仅以农业做依托，还有繁荣的煤业、运输业、手工业、商业等，因此其文化遗存是丰厚的，呈复合型。至今，这些古村落既有物态的，也有不可触摸的大量非物质的文化遗存。

古村落是非物质文化遗产得以延续的最重要的文化空间。古村落这一空间格局的延续对沉淀其中的非物质文化的保护、传承极为重要。当前中国乡村社会在现代化大潮的冲刷下，正迈入急剧的社会转型中。随着经济的发展，人们生活水平的有效提高，新农村建设的不断推进，古村落的空间格局面临打破和调整，如何保护非物质文化遗产已成为我们面临的刻不容缓的课题，皮之不存毛将焉附？非物质文化遗产所依赖的环境变化可以导致其遭受侵蚀甚至失传，这已成为不得不正视的现实。

太平鼓在门头沟能得到有效的传承和保护，其重要原因之一即是许多古村落至今仍然保留着与之相辅相成的文化空间。受到人们尊敬的老一代艺人大都生活在农村，在他们的影响下村民自发组成的太平鼓活跃在民众当中。作为新一代京西太平鼓传承人，门头沟艺术团的骨干演员、被视为团宝的高洪伟、闫万喜、于德胜、李来水都来自农村，高洪伟、于德胜来自三家店村，闫万喜、李来水来自琉璃渠村。三家店历史悠久，于2009年列为北京市历史文化古街区，琉璃渠村于2007年被列入国家历史文化名村。至今门头沟太平鼓艺术团的成员一半以上是来自农村的农民。

其三，京西太平鼓作为非物质文化遗产延续至今，始终根植于广大农村的沃土之中，与劳动人民群众的生产、生活密切相关，表达着人们最朴素的情感，寄托着人们的祈愿，其特有的自娱自乐的艺术形式长久地在广大群众中广泛流传。

当今社会虽然来自各个方面的娱乐形式丰富多彩，但是太平鼓已经成为人们的精神寄托和生活的一部分，成为能够自然地架构起人民群众之间感情的桥梁纽带，人们依然对其有亲切感。这也许就是民间艺术之所以被称为民间艺术的原因。

五、小结

　　历史上太平鼓几经盛衰，命运多舛，在许多地区销声匿迹，但却在京西的很多古村落得以延续，这足以证明环境的重要，足以证明人们的感情对非物质文化传承、保护的重要。非物质文化的保护是基础，传承是核心，以创新促进保护。我们仍然要看到，目前随着社会的发展，社会文化活动日益繁荣，文化活动项目越来越多，对传统文化存在着冲击。在经济全球化的时代，伴随人们生活方式的根本改变，非物质文化遗产正面临流失的危险。这些都需要我们予以充分重视，坚持不懈地做好太平鼓的传承与保护工作，实现太平鼓艺术的可持续发展。想方设法地留住和记忆这些民间文化遗产，重温这些文化对于我们生命的意义，为了今天留住昨天，为了明天记住今天，也成为当代人的历史责任。

元宵节话太平鼓

京西太平鼓是一种民间舞蹈,流传了200多年,在历史上几经盛衰,至今深受广大人民群众的喜爱。

京西太平鼓以门头沟地区最具代表性,还分布流行于北京的石景山、丰台、房山等地区。2006年5月20日,经国务院批准,门头沟区申报的"京西太平鼓"被列为首批国家级非物质文化遗产保护项目。2008年,石景山太平鼓、丰台区怪村太平鼓被列为"京西太平鼓"的扩展地区,也列入了国家级非物质文化遗产。为了与外省市的太平鼓舞蹈加以区别,门头沟区在进行非物质文化遗产申报的时候,特意在"太平鼓"的前面,加上了"京西"二字,正式把这种民间舞蹈的名称定为"京西太平鼓"。

通过史籍的记载,可以了解到,太平鼓与我国的春节与元宵节的年俗有着密切关系。

在中国远古时期,人们认为鼓声的节律可以通神,引来雨水,因此鼓舞可能是在干旱求雨时表演。可见在远古时期鼓舞的祭祀活动可能与农事有关。

古代有腊月击鼓催春的风俗,古谚云:"腊鼓动,农人奋。"腊冬期,农事最要紧的是施腊肥。腊肥可以提高土温,保暖防寒,是争取来年丰收的重要保证。因此,腊鼓一响,农民们就忙着往地里送肥了。

对应到今天,在门头沟依然流传着从腊月开始玩太平鼓,一般要一直玩到第

图1：京西太平鼓

二年的农历二月二"龙抬头",到了农历二月初一,必须要把鼓具收起来,因为在"龙抬头"的日子怕"惊吓了龙",影响一年的风调雨顺。

在宋代时,以鼓为道具的舞蹈被称为"打断","打断"是当时巫师驱鬼的一种方式,词典上说,"打断"是一种敲鼓驱疫的风俗,所敲击的鼓就是"单面鼓"。宋代吴曾《能改斋漫录·事始一》记载:"崇宁、大观以来,内外街市鼓笛拍板,名曰'打断'。至政和初,有旨立赏钱五百千;若用鼓板改作北曲子,并著北服之类,并禁止支赏。其后民间不废鼓板之戏,第改名'太平鼓'。"这是在史籍上比较早出现"太平鼓"名称的记载。

明代方以智《通雅·乐器》记载:"打断,宋街市古曲也,一名太平鼓。"

明代刘侗、于奕正《帝京景物略》中记载:"今北都灯市,起初八,至十三而盛,迄十七乃罢也。童子挝鼓,傍夕向晓,曰太平。二童子引索略地,如白光轮,一童子跳光中,曰'跳白索'。妇女相率宵行,以消疾病,曰'走百病'。"

灯市是我国古代元宵节的习俗,明代在紫禁城东华门外。每年正月初八到正月十八"上元节"期间开市。上元节也称元夕,也就是我们今天所说的元宵节。元宵节源于汉朝,每到正月十五日大街小巷张灯结彩,随着历史的发展,元宵节的节俗活动不仅有各种灯火,而且不断增加各类民俗娱乐活动,成为每年春节期间娱乐活动的高潮。

灯市从正月初八开始,到正月十三最盛,再到正月十七结束。整个灯市的活动上,有打太平鼓、跳白索、走百病等习俗。

所谓走百病,是古代妇女避灾求福的一种民俗活动,明清时尤为盛行。"走百病"在民间是很讲究的,必须是在特定时间进行,一般在元宵节前后的夜晚,妇女们聚合在一起,或走墙边,或过桥,或走郊外,目的是祛病除灾。至今,有些地区依然保留着这一习俗,以沧州、德州等地区为甚,只是参加走百病活动的不再仅是妇女,男女老幼均积极参与。

跳百索是今之跳绳。明清时期的文献中,古太平鼓和跳百索总是相联系。明沈榜《宛署杂记·民俗》云："跳百索，正月十六日，儿以一绳丈长许，两儿对牵，飞摆不定，令难凝视，似乎百索，其实一也。群儿乘其动时，轮跳其上，以能过者为胜。"跳百索是源于汉代的一种用红索装饰门户以辟邪的习俗。

到清代《燕台口号一百首》有："转跳白索闹城闉，元夕烧香柏作薪。索络连环声不断，太平鼓打送年人。"可见在明清时期，太平鼓与我国春节过年的习俗有关。

清代李鉴堂《俗语考原》："腊鼓，今北方有之，即《荆楚岁时记》逐疫之遗意。宋谓之打断，政和初，令禁之，民间改为太平鼓。"

清代王夫之《斋文集·杂物赞·太平鼓》记载："北宁崇宁，大观年音，京城内外市街，有鼓笛拍板演唱，称为'打断'。政和初年，官令禁止，民间改称'太平鼓'。"

太平鼓在清代康乾时期的北京民间已经十分兴盛了，汪启淑的《水曹清暇录》、钱载咏的《太平鼓》都描述了太平鼓在内外城的演出盛况。在当时的北京，太平鼓又被称为"迎年鼓"。每年的腊月和正月是舞太平鼓的活跃期，在宫廷中，旧历除夕也要打太平鼓，取其"太平"之意。老百姓击打太平鼓是对太平盛世国泰民安的期盼，借此祈愿"求太平、追太平"，表达了老百姓一种美好的心理需求和愿望。清人何耳在其所著《燕台竹枝词》中有一首"太平鼓"："铁环振响鼓蓬蓬，跳舞成群岁渐终。见说太平都有象，衢歌声与壤歌同。"

在首都博物馆曾经与故宫博物院合作举办的《长宜茀禄——乾隆花园的秘密》展览中，可以看到展出有故宫博物院藏的两幅乾隆花园的婴戏图通景画贴落，都绘有太平鼓。通景画在清宫档案中称作线法画，是采用中西结合的方式制成的整壁图画。其中的一幅故宫乾隆花园养和精舍明间西壁的《园林婴戏图通景画贴落》，制作于乾隆四十一年二月二十八日，由王幼学主持绘制。画中所绘屋顶、地面与室内真实屋顶、地面相连，纵深排列的廊柱和远处的山峦，构成极具透视的近景和远景，仿若前面横立着一条走廊。画中有七位皇子在廊下嬉戏，正中三位

图2：故宫博物院藏园林婴戏图通景画贴落

图3：故宫博物院藏贾全等绘厅堂婴戏图通景画贴落

皇子蹲在地上掷骰子，一位皇子手拿太平鼓在旁边观战。两位骑木马的皇子，其中一位身挂红绫手拿爆杖。柱旁的皇子手托花篮给两位头戴凤冠的王妃献花。另外三位皇子在廊柱旁放风筝，一只红色蝙蝠式风筝挂在天边。图中皇子手中的太平鼓是一面素鼓，形状与遗存下来的太平鼓无异，鼓柄系有铁环。在《贾全等绘厅堂婴戏图通景画贴落》中也绘有儿童击打太平鼓。乾隆曾有诗曰："迎年鼓听都昙想，欣与吾民庆序调。"这里无疑是表达的太平之意。

台北故宫博物院的院藏有乾隆年间的《太平春市图》《岁朝欢庆图》《日月合璧五星联珠图》等画作，其中都可见到击打太平鼓的孩童。由此，也从文物上印证了太平鼓在清代乾隆时期的盛行。

因此，太平鼓是一种以单面鼓为道具，脱胎于古代祭祀活动的舞蹈而形成的民间舞蹈。它历史悠久，自宋代始有明确的记载，定名"太平鼓"，并盛行于明清时期。同时，太平鼓也是我国北方地区广泛存在的一种民间习俗，与我国的春节以及元宵节的年俗有着密切的联系，太平鼓属于民俗文化。经过多年来专业文化工作者的开拓创新，现在的太平鼓进一步发展成为可用于广场表演和舞台演出的舞蹈艺术形式。太平鼓见证了伟大祖国的繁荣昌盛，见证了百姓生活的富足平安，传承了人们对太平盛世的赞颂和期望，体现了中华文明的生生不息、绵延不断。

第五章

永定河的礁石

它们是永定河的孩子

睡在母亲的怀抱里

它们从没有向往过高山

也没有抱怨过不曾见过大海

它们陪伴着母亲　度过每一个丰沛的雨季

它们也一起经历　每逢秋冬时节　母亲的干涸

它们在年复一年的四季流转中

渐渐失去了棱角　渐渐沧桑了容颜

河水轻柔地围绕着它们每一个的身体

它们说　它们是幸福的

它们是永定河的孩子

2009.2.26

潭柘紫石砚　父子两代缘

受北京永定河文化研究会张广林会长之托，我来到北京门头沟区文化委员会的会议室，与北京市级非物质文化遗产潭柘紫石砚雕刻技艺传承人——孔繁明先生进行座谈。历来人们将笔墨纸砚称为"文房四宝"。虽然我对文房四宝也略知一二，也在书中读到过以广东端砚、安徽歙砚、甘肃洮砚、山西澄泥砚并称为中国"四大名砚"之说，但是对这北京土生土长的潭柘紫石砚，还是知之甚少。

"老孔很健谈，他的故事啊，可以说上两天。"张广林会长笑着，把会议室交给了我和潭柘紫石砚雕刻技艺传承人孔繁明先生。

千里马还需伯乐识

孔繁明："说起潭柘紫石砚，还要从一个人说起。他叫范旭光，是原来北京市经济委员会副主任，也是中国老年书法研究会常务理事。1982年，他到战友家里做客，偶然发现战友的孩子在用一块自制的紫石砚台练书法。因为范旭光是老年书法研究会的，他看到这块紫石砚台无论从颜色上，还是从细腻程度上，都不输紫端，他就对这块砚台产生了浓厚的兴趣。一和这孩子聊起来，原来这个孩子是在门头沟潭柘寺公社阳坡园大队插队的知青，据孩子说呢，那里的紫石遍地都是，连山坡上垒砌的石阶都是紫石的。当地人管那个地方叫'碑子石地块儿'。范旭光突发奇想，当时北京的老年大学、书法家协会、书法班有几十家之多，正值改革开放，人们的生活水平不断提高。如果开发该自然资源，可富乡利民，把当地紫石做成砚台，那不是会受到人们的喜爱吗？抱着这样的想法，范旭光向战友的孩子借了这块砚台，要以此为标本去找紫石，对方爽快地答应了。范旭光怀揣紫石砚，如获至宝！"

作者："您当时在做什么？"

孔繁明："我当时是在门头沟公社农业机械站任书记、站长，我是1945年生人。范旭光拿到这块紫石，问题就来了，紫石有多少？范旭光找到了当时的中国地质博物馆。中国地质博物馆的专家很认同范旭光的想法，很快组织了考察队，由一名高级工程师带着十位新分配的大学生，到了潭柘寺公社阳坡园村，从山底开始考察。到了考察的第八天休息的时候，午餐，一个女生靠的一块石头竟发现是个石碑，上有24字碑文：'内官监紫石塘界，钦差，提督，马鞍山兼馆里工程太监何立。'范旭光又找到了故宫博物院进行考证，石碑为明英宗正统年间，碑文与故宫博物院文献吻合，证明明代开采过紫石。太和殿宝座地基就是紫石垒的，寓意紫气东来。当时明代北京地震，故宫大殿倒塌，何立是潭柘寺乡人，12岁进宫做太监伺候皇上，向皇上推荐了潭柘寺乡的紫石，被皇上封为何立钦差。结果何立就曾利用紫石做成砚台，进贡给英宗皇帝，英宗皇帝觉得适用，就在故宫造办处增加了制砚作坊。所以从那以后，故宫就有了这种紫石砚。皇上还用来奖励王公大臣。由于皇宫开发了，就在山上设立了这块带碑文的界碑，百姓从小就不让去。清代乾隆花园的九根立柱、乾坤殿铜龟和铜鹤底座，都是用这种潭柘紫石制成。"

作者："门头沟川底下村的明清四合院，一进院，地上的台阶就是一整块紫石，也是寓意紫气东来，也是这种紫石吗？"

孔繁明："对，也是这种紫石。范旭光又找到了门头沟区矿务局，矿务局说可以开采，可以做砚台。"

图1：明代所立开采紫石石碑

从屡试屡败到紫石生辉

作者:"官方机构对紫石的认可,增强了范旭光开发紫石制砚的信心。"

孔繁明:"是的。1982年6月,他先搞了一车紫石,卸到了北京玉器厂的料场。他是找到北京玉器厂,试制紫石砚样品。结果拖到年底,北京玉器厂的料场进新玉石料,需要腾地儿,就把料场的紫石当废石料清走了。第一次尝试就没成功。1983年,范旭光找到顺义马坡乡玉器厂。这是个新建玉器厂。范旭光把第二车紫石拉到马坡村玉器厂,结果赶上厂长换届。新上任的领导不知道紫石堆放在院内做什么,就把这一车紫石料垒进院墙地基里了。第二次又失败了。1984年,范旭光又找到顺义后沙峪村玉器厂,赶上雨季,两车紫石被雨水淹了。等8月玉器厂进玛瑙机器,改建车间,平整场地,把两车紫石埋地底下了。第三次又夭折了。1985年,北京工艺美术行业协会,找到了门头沟设有的两个玉器厂。一个是镇办的九龙玉器厂,一个是村办的兰龙玉器厂。一看兰龙玉器厂规模大,有一百多人,就找兰龙玉器厂,按照故宫藏品的样子在三个月里做出了两块瓜砚。但由于厂子签了外贸合同,觉得紫石砚没有市场,又失败了。"

作者:"这一晃就是好几年过去了,屡试屡败,非常艰辛。这范旭光也是非常执着。他又是怎么找到您的呢?"

孔繁明:"这就到了1986年,我当时就是那个规模小的九龙玉器厂厂长。当时我们厂是几十人。我当时得到一个信息,就是国务院有了一个振兴农村经济的'星火计划'。北京市科学技术委员会的杨克,是范旭光的老朋友,听范旭光谈起了试制紫石砚的坎坷。于是通过北京市科学技术委员会上报,紫石砚项目列入了市级'星火计划',并且在前两年列入了门头沟区的'星火计划'。北京市科学技术委员会通过门头沟区科学技术委员会,就找到了我们九龙玉器厂。紫石砚的项目列入'星火计划',就有了保障。我一问,紫石就在潭柘寺山上,就接了项目。

一个月内，我们试制了 28 方砚台。从 1986 年 6 月 26 日接的任务，到 7 月 28 日完成。当时通知了门头沟区企业局、门头沟区经济委员会、门头沟区科学技术委员会、北京市经济委员会、北京市科学技术委员会、北京市工艺美术学会。厂里一下来了好多领导，没见过的大领导都来了，我们精神大振。我组织工人到荣宝斋、百货大楼、琉璃厂等对砚台市场调查，照猫画虎。北京市经济委员会给我们请了两位顾问，是轻工部对外展览办公室主任苏立功和王府井工艺美术服务部毛金笙两位专家。各界领导纷纷题词，范旭光非常激动，也写下了'春华秋实''神德'两个题词。当时真正让我震撼的是，范旭光见到我，倒退两步，鞠了一躬，对我表示感谢。"

作者："紫石砚千呼万唤始出来。范旭光最早看到了紫石砚的价值，而您让他的倡议得以实现。"

孔繁明："范旭光这一礼，坚定了我克服一切困难的决心。紫石砚开始生产，列为门头沟区科技'星火计划'，自 1988 年连续五年列入北京市'星火计划'，给北京市填补了一项空白，恢复了明代制砚技艺。政府主导，各部门协作，生产半年，紫石砚送书法家试用评鉴。这就有了一个砚台命名的问题。1986 年 9 月 18 日下午两点，'星火计划'领导小组在燕京饭店小礼堂开座谈会，请了 25 人参加，启功、赵朴初、周怀民、黄胄、董寿平等著名书画家都来了。我首先汇报了 13 个名字，大家提议发言。赵朴初第一个发言，提出'潭柘紫石砚'最贴切。原因有两个，一个是紫石是潭柘寺附近山上的；一个是先有潭柘寺，后有北京城，顾名思义。启功第二个发言，支持赵朴初建议。经过讨论，23 个人同意赵朴初、启功的建议。1986 年 9 月 18 日，在中国砚史上，就增加了北京地区的'潭柘紫石砚'这个砚种。"

"生产第一年，北京市政府顾问下厂指导，厂里从农村招工，没有美术知识，拿锄头的手拿雕刻刀不行，需要培训。中国工艺美院装饰雕塑系主任李得利老师，得知是北京市星火计划项目、政府项目，二话没说，自己亲自上阵培

图2：1986年孔繁明（右四）带领玉雕师傅及职工考察采矿

图3：制砚工具

训。没教材，自己通过调研，现写教材，培训农民，每周两天，来厂里讲课。门头沟土生土长的农民，开始写生、素描、篆刻、雕刻、书法……一点点引导，深入浅出，先设计简单砚台。这一培训就是三年，分文不取。天津美院也来支援，还有北京教育学院、北京工艺美术学校等全社会支援。航天部提供电动雕刻机；二七机车车辆厂提供八吨重金刚石切割机，四吨重车床。可以说，潭柘紫石砚是北京市各单位联合开发的科技成果。"

  作者："确实是，单靠一个人、一个单位的力量，都是不行的，是时代大背景推动下的集体果实。"

  孔繁明："生产出来了，就要宣传和销售。1987年9月25日，门头沟区政府、北京市科学技术委员会联合召开新闻发布会，请了当时的27家媒体参加。《中国地质》头版刊登《北京发现皇宫制砚材料遗址》，全国各地报纸转载。张广林会长，当时是门头沟区广播局局长，为了潭柘紫石砚，联系北京电视台的新闻部、专题部。电视台的广告都是按秒收费，在他的帮助下，北京电视台一下给潭柘紫石砚做了5分多钟的专题片，播出后在社会的文化层面引起很大反响。琉璃厂的一得阁墨厂召开潭柘紫石砚展销会，老市长焦若愚、市委书记王宪、解放军总政治部李贞将军剪彩，北京市科学技术委员会、北京市经济委员会、北京市工艺美术协会、门头沟九龙玉器厂、门头沟区政府等十几位领导参加了剪彩仪式，展销会从10月6日展到10月15日，共10天。1988年，北京市政府办公厅召开潭柘紫石砚走入流通领域的座谈会，北京市一商局、北京市二商局、百货大楼、荣宝斋、琉璃厂、各大宾馆饭店等出席。当时还邀请习仲勋同志参会，提出潭柘紫石砚作为礼品走出国门，并让秘书联系到我，帮助与中央办公厅、国务院办公厅、外交部、钓鱼台国宾馆等接洽。潭柘紫石砚成为国礼！"

工匠技艺心手相传

孔繁明："1988年5月8日，潭柘紫石砚在王府井帅府园展销，两周期间，启功三次到场看展览，提出把故宫的一个人介绍给我。他就是宫廷御砚艺人杨俊明。他12岁学习制砚，他的亲娘舅洪国森是清宫造办处制砚工匠，曾给康有为、梁启超、谭嗣同制砚。杨俊明那时78岁，家住五四大街，我两周跑了他家20次，请他出山。他的子女不同意呀，觉得杨老岁数大了。等杨老来了砚台厂，看了以后就不想走了，用公用电话给他子女打电话，说在厂里住两宿，看两天。他子女千叮咛万嘱咐，让我们一定要照顾好杨老。杨老来了厂里非要做两方砚台，结果做出来跟故宫的一模一样。没过两天，杨老儿子来了，一看杨老有人照顾，有徒弟，厂里借了车负责接送，区里支持，就放心了。这样，杨老一下就在厂里待了六年。杨老平时爱看京剧，喜欢自拉自唱，唱旦角，是票友。"

作者："那也就是说，开发潭柘紫石砚虽然是20世纪80年代的事，但它的采石选料是恢复的明代技艺，它的雕刻技法又是沿袭了清代宫廷的制砚技艺。"

孔繁明："是的，潭柘紫石砚是皇家雕刻艺术在民间的应用，是流传下来的清宫纯手工雕刻技艺。就在杨老待在厂里的六年，我儿子初中毕业了。一天我回家，看见儿子正在刻砚台。我问，你这工具和石头哪来的？儿子回答，杨师傅给的。儿子说，不想上高中了。厂里都是年轻人，还有杨师傅带着，也想学刻砚台。他说：'平时你一走，我就去厂里。你一去厂里，我就走。厂里人都认识我了。杨师傅说，只要喜欢就行，他做学徒那会儿比我还小呢。'结果儿子从16岁开始，一发不可收，成了制砚的接班人。杨师傅待了六年，儿子跟了六年，把故宫技艺全学会了。后来他又去工艺美院进修，做了厂里的车间主任，主管技术，再后来做了副厂长。"

孔繁明："1987年九龙玉器厂正式改名潭柘紫石砚厂；1991年紫石砚通过了

图4：潭柘紫石砚注册北京市著名商标

轻工部文房四宝检测中心质量检测成为部颁标准潭柘紫石砚；2007年被评为北京市级非物质文化遗产；2008年我被评为非物质文化遗产传承人；2009年潭柘紫石砚的商标被授予北京市著名商标，商标从启功的题词选取了'潭柘寺'三个字，标识是南龙北虎图案。"

如今的孔繁明之子，孔祥斌，1972年生人，自1988年16岁开始接触制砚，到现在已经一晃三十年有余。2003年4月，在国家文物局、中国文物学会、田汉基金会联合举办的"纪晓岚九十九砚斋藏砚"仿真品雕刻招标会上，十八家投标制砚企业摩拳擦掌，最后孔祥斌以制砚99分、砚铭篆刻仿真98.5分的最高分成绩一举中标，并荣获了"青年砚刻家"的殊荣。2007年，孔祥斌带领团队不分昼夜，用38天时间完成了重达4吨的巨型砚海"和谐玉海砚"。北京市委、市政府发来感谢信，称赞企业的创新精神，并对企业职工数九寒天攻坚克难圆满完成任务表示赞扬。2009年孔祥斌又一巨型艺术品"龙鼎砚海"设计雕刻完成，制砚技术更上一层楼。孔祥斌招收的徒弟——李小民，练得一手俊秀的小楷，仿清代皇帝的御笔题字，能够随手就刻，形神逼真。他至今孜孜不倦地学习着潭柘紫石砚的雕刻技法。

无论时光如何流转，无论时代怎样变迁，孔繁明、孔祥斌父子两代，似与潭柘紫石砚冥冥中前世有缘，用他们的双手传承着中国历史悠久的宫廷制砚技艺，用他们的一生镌刻下与潭柘紫石砚的传奇。

图5：孔繁明、孔祥斌父子制砚

图6：孔繁明、孔祥斌父子制砚

图7：孔繁明、孔祥斌父子制作雕刻巨型"龙鼎砚海"

图8：为故宫博物院复制石鼓砚正面

图9：为故宫博物院复制石鼓砚背面

图10：为故宫博物院复制乾隆御砚正面

图11：为故宫博物院复制乾隆御砚

图 12：制作的寻知音砚

图 13：九龙戏水巨型砚

图 14：创新设计鸟巢砚

把千年古刹戒台寺完好地留给下一个千年

魏宇澄　王　桢

大美戒台寺

　　位于北京市门头沟区的戒台寺始建于隋代开皇年间（581—600），至今已有1400多年的历史。隋朝的开国皇帝隋文帝杨坚崇信佛教，因而促进了佛教在中国的传播和发展，在当时的幽州（今北京地区）兴建了几座佛寺，戒台寺就是当时修建的。最初的戒台寺规模不大，也没有什么名气，名叫聚慧寺。隋朝末年，当时著名的佛学大师，有"释门梁栋"之称的智周和尚因厌倦城市的喧嚣，来到聚慧寺隐居，对寺院以后的发展起到了开拓的作用，因而被后人尊智周和尚为戒台寺的"开山祖师"。

　　辽代是戒台寺历史上的鼎盛时期。咸雍年间，著名的佛教律宗大师法均和尚来到了聚慧寺。他见聚慧寺虽然年久失修，已经破败，但山秀泉清，风景如画，因而决定在此修行。法均和尚带领自己的弟子，广募资财，用了一年多的时间，对聚慧寺进行了大规模的整修和扩建，并在寺内建造了一座供说法传戒之用的大型建筑，也就是现今人们所见到的有"天下第一坛"之称的戒台寺的大戒坛。法均和尚对聚慧寺的整修和扩建，基本上奠定了戒台寺今天的建筑格局。

　　值得一提的是，戒台寺坐西朝东，这与中国众多的寺庙不尽相同，这是因为戒台寺在辽代的扩建时期，正是契丹族统治北方的时期。契丹族崇尚太阳，他们

图1：戒台寺全景

图2：戒台寺奇松——卧龙松

清晨走出账房都要看到第一缕阳光。这一特点也可以从文献中找到痕迹，如宋人苏颂使辽诗《牛山道中》写道："农夫耕作遍奚疆，部落连山复枕冈。种粟一收饶地力，开门东向杂夷方……"所以戒台寺建筑坐西朝东的格局，继承了契丹民族的生活习惯。

元代前期，戒台寺依然保持着律宗领袖的地位，香火繁盛。而到元代末年，由于战乱，声名显赫的戒台寺受到了极大的损伤，几近荒废。直到明代，明代帝后大多信奉佛教，由皇家出资，再次对戒台寺进行了多次大规模的修建和扩建。正统五年，明英宗为戒台寺亲题寺额，赐名"万寿禅寺"。民间通称为戒台寺。

我们今天看到的戒台寺，整个建筑群依山势由东向西逐级高升，错落有致，既有北方寺庙的巍峨宏伟，又兼有江南园林的清幽秀雅，"戒坛、奇松、古洞"著称于世。春来香花烂漫，姹紫嫣红；夏至松涛连绵，云蒸霞蔚；秋季天高云淡，层林尽染；冬临银装素裹，分外妖娆。所以，戒台寺以其深厚的文化内涵和独特的自然景观，吸引了历代文人墨客，留下大量脍炙人口的诗篇，真可谓"青山无墨天作画，美景不言自为诗"。

山雨来，风满楼

时间进入 2004 年 7 月，北京地区连降暴雨，西山一带山洪泛滥，滑坡和泥石流等地质灾害频繁发生。特别是 7 月 20 日持续大雨之后，戒台寺寺院内、进寺路及 108 国道产生多个塌陷坑，雨水下灌。寺院由西向东产生了一条贯通的张拉裂缝带，依次穿过大悲殿→罗汉堂→真武殿→牡丹院→千佛阁→大雄宝殿→伽蓝殿→山门殿等。裂缝所经之处，建筑物均产生不同程度的变形破坏，千佛阁遗址处裂缝宽达 40 厘米，重建千佛阁工程在施工中，柱基石掉进了深不见底的裂缝里，致使复建工程被迫暂停。大悲殿及罗汉堂部分建筑物因变形过量，不得不拆除落地保存。祸不单行，戒台寺周边附近的秋坡村，许多村民的房屋也出现了大

图3：戒台寺牡丹院开裂受损的门厅

图4：戒台寺牡丹院开裂受损的墙体

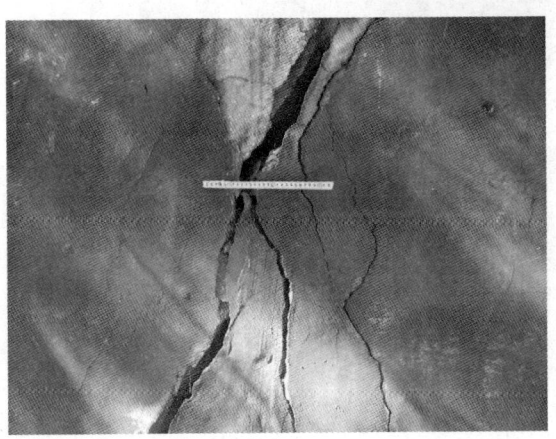

图5：山门殿裂缝简易测量标尺

图6：开裂村民房屋

图7：开裂墙体

量开裂沉陷变形，成为危房。通往太原去的 108 国道也产生多处错断和下陷坑槽，严重影响了交通运营。至 2004 年年底，寺院内建筑物变形有增无减并逐日加剧，特别是 2005 年春融时节，建筑物变形突然加速，日位移量达 7 毫米，千年古刹危在旦夕。

不仅如此，戒台寺内古树名木的生存条件也变得十分恶劣。据史料记载，戒台寺历史上曾有 12 井 36 泉，到处流水潺潺，现早已干涸不复存在。古建筑物开裂变形，尚可修复置换，但戒台寺内的古树名木，不可复制。88 棵古松（包括闻名天下的十大奇松）、千年古槐等，均有七八百年甚至上千年的寿命，经历了千百年风雨及环境变化，这是任何现代化高科技手段不可复制和替代的。

经详细地质勘查确定，寺内建筑物开裂变形、地表裂缝及寺外秋坡村民居的变形，皆为山体滑坡所为，即戒台寺所坐落的山梁发生了向山下的滑动。

从滑动方向及变形特征看，滑坡呈"多条、多块、多级、多滑带"的特征，各块滑动方向不尽相同。寺院内的滑块主要向东北方向（东沟临空方向）滑动；画家院子及进寺路口这一块滑体主要向西北方向（秋坡村方向）滑动；秋坡村及第四级大平台所在的滑体主要向北方向滑动，同时伴有采空塌陷的性质，而且各滑块位移的速率也有差异，所以戒台寺滑坡是由多个滑坡组成的大型复杂滑坡群。滑坡前后缘高差约 220 米，滑体约 920 万立方，具有较大的势能，从规模上应属于超大型滑坡，在国内亦极为罕见，只有在西藏和三峡库区出现过这样大规模的滑坡。毫无疑问，北京戒台寺滑坡在华北地区应算第一号滑坡。

近利与短视，埋下隐患

从区域地质看，当地最高山峰马鞍山海拔 676 米，近东西走向，戒台寺位于马鞍山北麓一近南北的山梁上。山梁全长 1200 米，从寺院南围墙至石门沟底，山梁之上有四级台地，由南向北依次降落，岩层倾角上陡下缓，为易滑地层。此区地质构造复杂，矿产丰富，有煤矿、黏土矿、石灰石矿等，煤层与黏土矿呈夹层出现。从明清开始，数百年来，人们在此开采矿藏，使得山体逐年松弛，稳定性降低。在戒台寺内，有三方历史上遗留下来的碑刻，见证记录了戒台寺周边开矿采煤的史实，也反映出历史上最高统治者对戒台寺环境保护的一贯理念。

第一方是立于明成化十五年（1479）的《戒台寺明宪宗敕谕碑》。碑高4.6米，宽1.1米，厚0.27米，汉白玉石质，碑文共计6行，满行36字，碑文楷书。该碑主要记载明宪宗于成化十五年亲自降下"敕谕"，划定了戒台寺的辖界，明文制止在寺内外砍伐古树及任意放牧，禁止在此私开煤窑。碑文云："都城之西有胜刹，曰万寿禅寺。实古迹道场，天下僧众受戒之处。正统年间鼎新修建，仍旧开立戒坛，导诱愚蒙，使皆去恶为善，适来四十余年矣。其界东至石山兜，西至罗目候岭，南至南山，北至车营儿，山林、果园、果树、土产，迎年给办香火，供献之用。近被无籍军民人等牧放牛马，砍伐树株，作践山场。又有持强势要私开煤窑，挖通坛下，将该戒坛莲花石座开拆……禁私开煤窑……"其中可清晰看到碑文中"挖通坛下"的"挖"字没有提手偏旁，这是皇上喻义私挖煤窑剁手。

第二方是《戒台寺清圣祖御制万寿戒坛碑》，位于戒台寺内山门殿前北侧。清康熙二十四年（1685）立，碑高4.55米，宽1.02米，厚0.32米，龟趺螭首，边栏饰龙戏珠纹，汉白玉石质。碑文用满、汉两种文字刊刻。碑文记述康熙皇帝在康熙二十四年到西山带巡视留住戒台时，发现戒台寺诸山产煤，特制万寿寺戒坛碑记，碑文云："西山地接神京，岭岫绵亘，林壑深美，中多精蓝古刹，考其历史久远，建置自唐以来者，则万寿寺戒台为最古……朕以时巡，偶至斯地，辄为驻辇，顾近诸山，为产煤炭，居民则利，日事疏剧，念精舍之侧，凿山采石，良非所宜。爰命厘定四止禁之。俾梵境常宁，旧观弗替，于以葆灵毓秀，山川当益增辉泽尔。"与明宪宗的碑文的喻义无独有偶，这方《戒台寺清圣祖御制万寿戒坛碑》底座的赑屃，无首无尾。这正是康熙皇帝喻义，在此凿山采石，不保护戒台

图8：戒台寺明宪宗敕谕碑

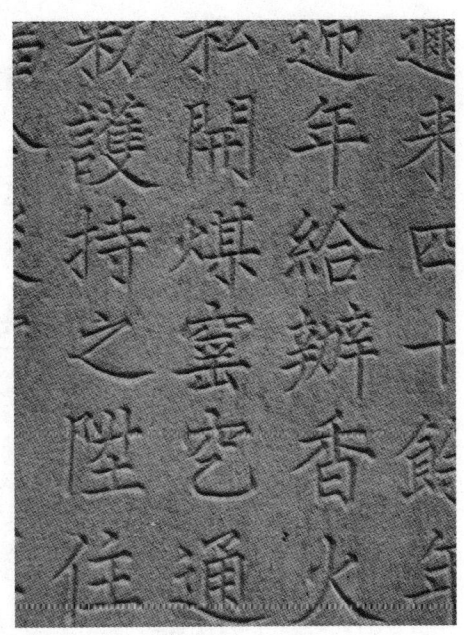

图9：戒台寺明宪宗敕谕碑碑文

图10：戒台寺清圣祖御制万寿戒坛碑

图11：戒台寺清圣祖御制万寿戒坛碑底座

寺，将断子绝孙，即使是龙子（赑屃）也不例外。因此留下了这样一方清代石碑，至今原貌保存在寺内。

第三方是在民国十年（1921），大总统徐世昌来戒台寺进香时，他见到明宪宗和清圣祖所立的关于保护戒台寺的两块敕谕碑后，也进行效法，题写了《戒坛寺碑记》。碑文中明确写道"共和以来，据法为戒台寺丈量地界，禁止开挖采煤，保护戒台古刹不被破坏"。明令对戒台寺进行保护。这是最高统治者为戒台寺所立下的第三块保护碑。三个不同时期的最高统治者明令保护同一座寺院，这在北京地区是极为罕见的。

然而自新中国成立以来，特别是改革开放以后，随着我国经济建设的大发展，一些追求经济效益的近利与短视的做法，疏忽了对文物和古建的保护，从而为对文物古建和古树名木的破坏埋下了隐患。

一方面，有三家公司在戒台寺依附的山梁前部大规模采煤，形成采空区，相当于挖墙脚。致使坡脚严重塌陷，塌陷范围已波及108国道跟前。采矿及采空塌陷区使坡体变得空虚，有效支撑力减弱，并为水的侵入提供了便利条件。而且采空塌陷在地层中形成新的临空面，使坡体有了松弛、滑动的空间。当坡体支撑力减弱到一定程度时，整个山体失衡产生滑动。

并且，当年未迁出的首都钢铁厂，在此采石已有60载。常年在后山采石，炸山爆破，对山体形成扰动，爆破震动加速了坡体的变形，也是诱发滑坡的重要原因之一。大剂量装药放炮所引发的强烈震动，使本来就已松弛的坡体更加松动，为水的下渗提供了更有利的条件，极大地削弱了坡体稳定性。采石场离戒台寺距离约200米，寺院震感强烈，长时间的采矿爆破、震动坡体，减弱了滑面强度，加大了坡体重力加速度，相当于增大了下滑力。

还有秋坡村和石佛村的村民也围着山梁两侧挖洞采掘黏土矿（青灰），烧制门头沟的特产琉璃瓦和耐火材料，有的村民干脆削坡建房；此外，寺内宾馆生活污水直接往地下灌……

总之，采煤、采矿、爆破，再加上百姓切脚建房、寺院生活污水下渗等多个诱因，使得千年古刹戒台寺无法再承受2004年北京夏季入汛的强降雨量。

戒台寺不能毁在我们这代人手里

戒台寺滑坡规模巨大、性质复杂、危害严重。地面裂缝一天天增大，文物古建破坏一天天加剧，周边环境一天天恶化……如果任其发展，不仅毁坏人类珍贵的文化遗产——千年古刹，而且直接威胁到秋坡村和石佛村数百名群众的生命财产和生活家园；会阻断108国道的交通运输；还会造成极大的生态环境灾难。因此，戒台寺滑坡已经到了非治不可、刻不容缓的地步。来自全北京市的关注，聚焦在了门头沟戒台寺。

北京市委、市政府对戒台寺滑坡，给予了高度重视。时任北京市市长王岐山同志首先对秋坡村受灾的村民及时进行了转移和妥善安置，对进村路口、危房进行了警戒；其次对戒台寺文物安全多次批示，安排副市长张茅亲抓督导，由于特事特办，极大地推动了应急抢险工作的顺利进行。2005年9月9日，在工程实施的紧要关头，王岐山市长在百忙中莅临戒台寺检查工程进展情况，他仔细查看了滑坡灾害中受损的古建筑和古树名木，认真听取了施工技术人员的汇报，临走时特别叮嘱"北京市千年以上的文物不多了，戒台寺不能毁在我们这代人手里"。

张茅副市长两次亲临现场查看灾情，研究保护对策。2005年5月7日，张茅副市长第二次来戒台寺召开现场协调会议，特意请来了门头沟区及丰台区的两位区长，明确表示："停止丰台区大灰厂的炸山取石放炮活动，停止门头沟区在戒台寺周边的一切采矿活动。"从此以后，困扰戒台寺半个多世纪的爆破震动和几十年的采矿活动彻底关停。这次会议对戒台寺文物保护是一个里程碑的事件。

北京市文物局及门头沟区区委、区政府，门头沟区文委的领导也极其重视。门头沟区责任重大。时任门头沟区长伊欣欣同志和时任门头沟文委主任张广林同

图 12：戒台寺地裂灾害勘察方案专家论证会

志，多次来现场查看险情、部署抢救工作。伊欣欣区长铿锵表态："要彻底消除在门头沟区的隐患，不惜一切代价保护戒台寺。"

门头沟区文委和戒台寺景区管理处积极开展了文物保护和自救工作，为防止突然坍塌，对严重变形的大悲殿南配殿和罗汉堂及时进行了落地保护，在寺院主要建筑物裂缝上都建立了简易观测点，设专人观测，向上级主管部门汇报裂缝发展情况，做到一天一报。

北京市文物局、门头沟区政府、门头沟区文委组织国内多家权威单位来现场查看并提出勘察治理方案，经专家评比确定，由国内治理滑坡的专业研究单位——中铁西北科学研究院承担该滑坡治理工作。

为保证治理方案、工程施工建立在扎实、安全和可靠的基础上，北京市文物局和门头沟区领导指示中铁西北科学研究院对滑坡立题研究，找出该滑坡发生发展的一般规律与有效治理措施，避免类似情况发生，并为以后文物保护、矿区建设、山区国土资源和环境保护提供借鉴和指导。

滑坡日位移7毫米，中铁西北科学研究院的滑坡防治专家、总工王桢同志说："面对地质复杂、规模巨大的戒台寺滑坡，我们也没有百分之百的把握，谁也不敢拍胸脯，但这也是技术挑战，支撑研究院一举接下重任的，是背后强大的技术团队。"中铁西北科学研究院，以往主持过宝成铁路、成昆铁路和青藏铁路艰险路段的地质灾害治理研究，对世界文化遗产敦煌莫高窟的部分石窟病害进行过加固治理，具有60年专业研究滑坡治理的技术力量和丰富的实践经验。

研究院首先建立了一套预警预报机制：为保证游客、寺内管理人员、施工人员及文物的安全，以防万一，设专人采集资料及分析整理资料，此项工作为勘察设计和抢险施工提供了有用的信息，增加了预见性，避免了盲目性。这项工作还延续到施工过程及工后，对工程的治理效果做出定量评价。建立快速响应机制：确定了召集人及报警信号；划分了文物保护场地；明确了人员逃逸疏散路线。

研究院分析了滑坡产生的三点原因：1.地质环境是内因；2.人类不当的工

图 13：锚索运送

图 14：勘探抢险工程现场

程活动是外因；3.大气降雨是激发因素。

在此基础上，研究院拿出了滑坡治理方案：先保寺、次治稳、后治本，分期分批治理。治理思路为：抢险工程（一期）、保寺工程（二期）、保路工程（三期）、环境恢复（四期），即：一期工程先抢险救寺；二期工程保证戒台寺的稳定；三期工程保证108国道部分路段及进寺路的稳定；四期恢复生态环境。并且由于戒台寺属于国家级文物保护单位，古建筑及古树名木众多，研究院的专家们研究决定，工程勘察设计，既要贯彻地质灾害的防治理念，又要树立文物保护意识。所以，在寺内尽量采用物探等无损检测手段进行地质勘察，寺内工程尽量少而隐蔽，做到最少干预、修旧如旧；主体工程布置在寺外，除了隐蔽还要有利于生态恢复。

首先，通过应急抢险工程，保证在春融及勘察设计期间不产生大的滑动，防止对戒台寺管理和工作人员及文物造成致命威胁。而后在关键部位实施一些"短平快"工程，保证在雨季到来之前，对滑坡进行有效的锚拉加固。最后在地质勘察工作的基础上寻求安全稳妥、经济合理的完善治理工程。

应急抢险工程是在戒台寺外围4个重点部位设置了预应力锚索地梁及锚索墩群，快速控制滑坡变形，共设计109孔锚索。锚索工程施工速度较快，对地层扰动少，特别适合于抢险。

经过一个多月的施工，四个抢险点共109根锚索已全部加力张拉，发挥了作用，虽然降雨后还有少量的变形（个别点），但滑坡整体变形得到明显控制。通过一期抢险工程的实施，戒台寺出现大规模、远距离滑动的可能性降低。需要说明的是，应急抢险工程并非根治工程，只能算保寺工程的前奏工程。

二期工程为保寺工程。保寺工程措施包括：

1.固脚（支挡+锚固），即在寺院北围墙外的斜坡坡脚一线及大停车场南侧挡墙部位，布置一排预应力锚索抗滑桩，共计35根。为分担桩的受力及防止浅层滑动，在桩顶斜坡上仍需布置3至5排锚索。

2. 治水（地表水+地下水+生活污水），这项工程与支挡锚固工程同等重要，即截排寺院西围墙以外山坡洪水，防止山洪进入寺院内漫流；修补和完善寺内、外地表排水系统；重新规划和设计寺内地下给水、排水及供暖管道，修筑一道钢筋混凝土地下暗沟，将排污管道置在其中，即使将来下水管道破裂，还有暗沟可以排泄，防止生活污水渗入地下。

3. 裂缝注浆，即对寺院内四道下陷裂缝带及建筑物局部变形过大的沉降带，进行注浆充填，防止其自然挤密过程中，建筑物产生过量变形而破坏。注浆宜采取"先北后南，先东后西"的加固顺序，浆液中掺加一定比例的黄土及粉煤灰。

4. 寺内局部加固对电工房、关公殿、观音殿、真武殿及方丈院等建筑物临空侧的挡墙进行锚拉加固，这些挡墙大都是块石干砌而成，侧向承压力有限，挡墙外倾，墙顶建筑物出现不同程度的变形。为保护这些建筑物，有必要在挡墙处设置预应力锚索框架、锚索地梁或锚索墩进行局部锚拉加固。

随着二期保寺工程的实施，戒台寺安全度过了2005年的雨季，滑坡未出现大的变形，经受了一次汛期考验。

2005年7月7日，在《北京戒台寺滑坡整治设计方案》专家论证会上，专家认为"实施第三期治理工程是必要的"。

因此，研究院开始设计三期保路工程，这是对前期工程的完善和补充。三期保路工程，主要治理戒台寺院西沟及108国道进寺路口等两处滑坡，保证该两处滑坡的稳定，进而增强保寺工程的功效，确保戒台寺的安全，同时又能保障108国道的畅通和坡下居民生命财产安全。三期工程，主要采用预应力锚索抗滑桩、预应力锚索地梁（墩）等工程，同时设有截排水等辅助工程。

在进行的抢险工程、保寺工程、保路工程的施工中，遇到了很多问题、难题，比如：挖桩中发现大量地下水；挖桩中碰到采煤巷道；破碎地层中，锚索钻孔遇到塌孔、卡钻、跑风、漏浆现象；桩中及风景区钻孔扬尘污染；锚索预应力损失等。

研究院的科学家们和工程师们，发现问题不回避，迎难而上解决问题，产生

图 15：锚索制安

图 16：千佛阁处山墙加固

图 17：寺外东沟山墙加固

图 18：108 国道外加固

图19：施工中遇到了粉尘污染的问题

图20：专家和工程师们进行科技创新和技术改进

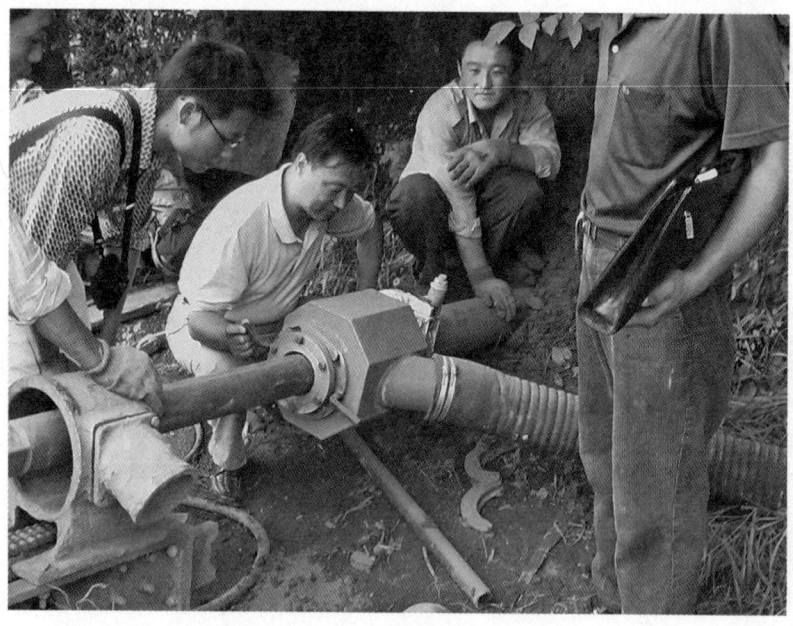

了多项科技创新成果：1. 首次提出并采用全埋式多锚点抗滑桩，并提出了相应设计方法、施工工艺，已获得国家发明专利；2. 首次采用抗滑桩下部集水洞排泄滑带地下水，降低滑带处地下水位，提高滑坡的稳定性，同时解决了景区生活和绿化用水，变害为利；3. 研发了锚索钻孔粉尘收集装置，减少了粉尘污染，改善了作业条件，有利于文明施工和环境保护；4. 研发了采空区（岩溶）模袋注浆支撑柱技术，可实现对人员无法进入的地下洞穴的支撑加固；5. 在抗滑桩桩孔施工中，采取了分区作业、设置防护棚等措施，保证了桩孔施工安全。

工程结束后，中铁西北科学研究院的六项科技创新成果获得了发明专利证书。该项滑坡治理工程也先后十次获得来自各方权威机构认定的工程设计奖项及其他荣誉。

历风雨岿然不动

戒台寺滑坡自 2004 年 7 月 20 日开始发生明显滑动，寺内古建筑开始出现大量变形。2005 年 3 月变形开始加速，遂对滑坡进行地质勘查和治理工程设计，同时也进行了应急抢险加固工程（一期）。2005 年 5 月底，抢险工程基本完成，滑坡剧烈变形有所减缓，随后紧接着实施保寺工程（二期）。2006 年 10 月完成了保寺工程。至此，寺院内古建筑及地坪变形得到了有效控制。但由于滑坡规模大及治理工程的局限性，寺外坡体及 108 国道的变形仍在发展，2008 年申请实施保寺后续工程（三期）立项，得到了北京市发改委的批准。2009 年春开始实施保路工程，于 2009 年 11 月完成。

2009 年 7 月 30 日，由北京市文物局主持召开了《北京戒台寺滑坡机理及综合治理技术研究》课题鉴定会。会议邀请了中国工程院院士陈祖煜先生、文物专家罗哲文先生、黄克忠先生、中交公路系统著名滑坡防治专家王传仁先生；中国铁路系统著名滑坡防治专家王恭先先生等作为专家组评审专家。专家们对研究成果给予了高度评价。

专家鉴定意见为：1.工程创造性地研究开发了多锚点抗滑桩治理措施，解决了戒台寺滑坡滑面多、滑体厚、推力大等抗滑支挡难题。2.多锚点抗滑桩施工工艺包括井下短导轨钻进、粉尘收集、井下集水排水以及安全防护施工等关键技术，每一项均属国内首创，为实现在高地下水位条件下修建超深抗滑桩做出了重要贡献。3.本工程开展了应力可调式锚索、锚索锈蚀、岩溶、采空地区地下支撑柱技术等滑坡加固领域中具有创新意义的研究工作。4.本项目成功地加固了具有1400余年的历史文物古迹，施工中没有造成粉尘污染和其他环境问题，寺院正常对外开放，社会及经济效益显著。

课题鉴定结论为：本课题的综合研究成果达到国内领先水平，在滑坡发生发展机理、多锚点抗滑桩、锚索除尘施工、桩底排水措施等方面的研究达到国际先进水平。

2012年7月21日，北京地区遭受了63年不遇的强降雨，主城区发生内涝，京西地区多处发生泥石流和洪涝灾害，造成了极大的经济损失和人员伤亡。作为受灾严重的门头沟区有两处国保级文物保护单位，自然引起了北京市文物局和门头沟区政府的高度重视。为了解戒台寺滑坡治理加固后的稳定状况，确保千佛阁复建工程万无一失，市文物局和门头沟区文委专门组织人员对暴雨之后的戒台寺地坪和建筑物的情况进行了详细调查，同时要求戒台寺景区管理处对暴雨之后的戒台寺滑坡的变形情况和稳定性给予评价。

中铁西北科学研究院总工王桢同志再赴戒台寺，与工程师马佰顺同志于2012年8月3日至5日两天对戒台寺滑坡进行了现场考察，并对滑坡体上保存完好的部分进行了观测，考察结果为：

1.滑坡支挡结构物工作状态完好，未产生破坏及变形迹象。在西沟108国道转弯处，昔日变形最为剧烈，公路下错达0.7米，寺院上水管道经常断裂，沥青路面布满裂缝。如今路面平顺，原有裂缝不见踪迹，公路靠山侧新砌挡墙及水沟未见开裂现象，山坡上的锚索墩未见有松弛现象，锚索地梁未见有断裂。对大停车场处的挡土墙、抗滑桩间挡墙以及寺院北围墙坡脚处的桩间挡墙未见开裂和变形迹象。寺院内、外抗滑桩及锚索地梁上的锚索封锚混凝土未见有破裂或掉块崩落现象。

2. 寺院内建筑物未产生新的变形征兆。寺内大雄宝殿南山墙、后山墙、自在松踏步及牡丹院与真武殿间的围墙等，老裂缝未见发展和扩大趋势，亦未发现有新的裂缝产生，个别墙壁老裂缝也被蜘蛛网封罩，说明变形早已停止。原寺院内的地坪多道裂缝早已湮灭。寺院罗汉堂南侧毛石山墙垮塌系局部变形所致，因该处地表水排泄不畅或聚集，引起坡体发生局部沉陷或滑塌，与强降雨有直接关系，与山体滑坡没有关系。

3. 滑坡深部位移趋于稳定。从寺院内观测孔牡丹园处、千佛阁处及寺院外挂测孔的观测结果看，随着时间的延续，其深部位移曲线趋于平缓和收敛，只有位于千佛阁遗址处的观测孔，在浅表层尚见些微挤密变形，这是因为千佛阁遗址正在开挖地基，对该孔有一定的干扰。然而滑坡整体没有产生变形，与前一次相比，一年来（2011年7月25日至2012年8月5日）的累计位移量不超过4毫米，满足建筑物变形规范的要求。

在进行变形监测的同时对各孔的地下水位标高进行了测量，除千佛阁处地下水位有少量波动外，其他孔地下水位相对比较平稳，没有大起大落的波动现象。

由此可见，滑坡主要支挡结构物受力状态良好，未出现异常或受力过大后的溃变现象。表明北京"7·21"特大暴雨未对滑坡造成影响，未能催发滑坡复活。

光阴似箭，如今已是2018年，戒台寺滑坡治理工程已经整整过去了十二年，经受了十二载风雨的考验，特别是经受了2012年7月21日北京市63年不遇的特大暴雨的检验，安然无恙。实践证明，千年古刹戒台寺，在从中央到北京市委、市政府、市文物局、市发改委的高度重视下，在门头沟区委、区政府、区文委和中铁西北科学研究院的大力协作下，滑坡治理工程圆满成功了。

图 21：寺内支挡结构物

图 22：寺外墙支挡结构物

图23：戒台寺大雄宝殿胜景

图24：寺塔巍巍

今天，当我们再次踏步戒台寺稳稳的石阶，看到那清晨的第一缕阳光，照进戒台寺大殿的门口，那是大辽契丹人的习惯；"自在松"舒枝展叶，迎风颔首，仿佛在伸懒腰；千佛阁焕发新颜；牡丹院似又传来了梅兰芳大师的清音；已是金秋时节，寺塔巍巍，在斑斓的秋叶映衬下，"戒台应无恙"。然而，任重道远。在这人杰地灵的京西，先祖留给我们的戒台寺的故事已流传了千年，我们要做的，就是保护好戒台寺这座宝贵的文化遗产；传递戒台寺这条重要的京西历史文脉；把戒台寺的故事继续给后人讲下去……把千年古刹戒台寺完好地留给下一个千年！

京剧名家与门头沟

从戒台寺最美丽的地方说起

爱新觉罗·奕䜣,清宣宗道光帝第六子,道光三十年(1850)以宣宗遗诏封恭亲王。他是咸丰、同治、光绪三朝名王重臣,洋务运动的首领,为中国近代工业创始和中国教育的进步做出了贡献。他是晚清新式外交的开拓者,建议并创办了中国第一个正式外交机关,使清朝外交开始步入正轨并打开新局面。他是中国近代史上一位重要的人物。

清光绪十年(1884),奕䜣厌倦了朝野的权力纷争,选择了远离政治漩涡,来到了位于今北京市门头沟区的戒台寺隐居,这一住便是十年之久。奕䜣来到戒台寺后,随即对戒台寺进行了大规模修缮保护工作,起到了一定的作用,因而在戒台寺的历史上占有重要的一页。其中最为惹人注目的便是一处精致清幽的四合院落,这便是如今的"牡丹院"。"牡丹院"坐落于戒台寺千佛阁的北侧,是一处两进四合院。这里原是行宫的一部分,称为北宫院。当年康熙、乾隆等皇帝来戒台寺游玩时住在南宫院,随行的王公大臣们则住在北宫院。奕䜣留寺居住的十年,大部分时间都在北宫院。在此期间,奕䜣出资,对北宫院进行了大规模的整修,形成了今天的"牡丹院",院内至今还保留着奕䜣于光绪十七年(1891)的手书"慧聚堂"的匾额。牡丹院坐北朝南,中间以垂花门相连,其建筑风格与江南园林

图1：奕䜣塑像

图2：牡丹院慧聚堂匾额

图 3：牡丹院内院

图 4：牡丹院花卉

艺术的巧妙结合,现在这个"寺中之园",依然保持着当年奕䜣整修后的风貌。庭院之中种满了各种名贵的牡丹,这些牡丹有当年乾隆皇帝的御赐,有的引种于恭王府,花龄已达200岁,而且不乏黑牡丹、千层牡丹等珍贵品种。花开时节,满院锦簇,姹紫嫣红,争芳斗艳。院中还有数棵年龄达200年以上的古丁香,花季到来之时,芳香四溢,沁人心脾,使人神怡气爽。这样一座江南小园,与墙外的古柏奇松、琉璃金顶交相辉映,已是戒台寺最美丽的地方之一。

京剧名家"慧聚一堂"

"潭柘以泉胜,戒台以松名。遥看积翠影,已觉闻涛声。"这是清代诗人赵怀玉的诗句。戒台寺满山青翠,古树成林,仅国家一、二级保护树木就有88棵之多。在众多的古松中,最著名的活动松、自在松、卧龙松、九龙松、抱塔松、龙凤松、凤尾松、凤眼松、菊花松和莲花松,合称为"十大名松"。另外还有雌雄同株古银杏、辽槐、古白皮松、柏抱柏等。在戒台寺有一条古松大道。因此,戒台寺不仅仅吸引达官显贵、文人墨客造访,也受到了京城京剧名家的青睐。京剧名家们来此静养、练功、吊嗓。这样的植被环境,空气清新,富含负氧离子,对于需要保护嗓子的戏曲家们来说,十分有益。

更加巧妙的是,奕䜣修缮牡丹院的时候,用太湖石堆砌在院中。这绝不仅仅只是一处假山景致,在外院西侧没有房舍的地方,太湖石叠石为景,种植花草,沿着盘绕的石阶可以攀登而上,有一处平台。经戒台寺工作人员讲解揭秘,原来这是一处用假山堆砌的隐蔽的老戏台,更加适合京剧名家们在此表演,真是巧设心思。所以,谭鑫培、杨小楼、梅兰芳、马连良等京剧大师,都曾来到戒台寺,在牡丹院里居住。

图5：古松大道

图6：牡丹院太湖石戏台

杨小楼大师（1878—1938），名三元，杨月楼之子，谭鑫培义子，习武生。杨小楼在艺术上继承家学，同时博采众长，全面打下了武生表演技艺的基础，逐渐形成独树一帜的"杨派"，并与梅兰芳、余叔岩并称为"三贤"，成为京剧界的代表人物，享有"武生宗师"的盛誉。由于受其义父谭鑫培的直接影响，也十分注重戏曲唱功中对"气"的修养，看重戒台寺极佳的气场，所以也常来戒台寺小住，颐养心修，练气修身，为以后唱功的不断成熟打下了坚实的基础。

马连良大师（1901—1966），字温如，北京人，京剧老生。马连良的演唱，以谭鑫培唱腔为基础，结合本身条件，吸取各家之长，大胆突破传统，创立与人不同的唱法。他以独特的风格，为京剧开创一代新声，成为广大群众喜闻乐唱的"马"腔，丰富了京剧老生的唱腔艺术。马连良生前很喜欢戒台寺，对寺庙有所资助，闲时常来此小住，和寺院僧人关系甚好，常与戒台寺高僧论禅修心。1930年马连良游戒台寺时，特在寺内御碑前留影。

梅兰芳大师（1894—1961），名澜，又名鹤鸣，字畹华、浣华，艺名兰芳，江苏泰州人，生于北京。他出生于京剧世家，工花旦。他在其演艺生涯里，综合了青衣、花旦、刀马旦的表演方式，创造了醇厚流利的唱腔，形成独具一格的梅派。1915年，梅兰芳大量排演新剧目，在京剧唱腔、念白、舞蹈、音乐、服装上均进行了独树一帜的艺术创新，被称为梅派大师。梅兰芳祖上三代与谭鑫培私交甚好，他对谭鑫培其人也是极为推崇和拜服的，自1912年梅兰芳第一次与谭鑫培在梨园同台演出后，便与谭鑫培亦师亦友，常常陪着谭鑫培在戒台寺牡丹院内谈戏，参佛。而后，梅兰芳便爱上了戒台寺这片清幽静心之地，演出清闲之时便常来牡丹院小住，颐养修心为其日后创作出更多的戏剧积攒了丰富的素材。

图7：杨小楼剧照

图8：马连良剧照

图9：马连良（右）与戒台寺住持（左）合影（照片由马连良先生嫡孙马龙先生提供）

图10：马连良在戒台寺碑前（照片由马连良先生嫡孙马龙先生提供）

"难道说我无有为国为民一片忠心"

新中国成立以后,梅兰芳担任中国京剧院院长、中国戏曲研究院院长,还是全国人大代表、政协常委,有许多社会公职。根据政府给予的特殊政策,在20世纪50年代公私合营之后,梅兰芳得以保留自己的"梅兰芳剧团"。梅兰芳剧团不时到各地演出,梅兰芳也在百忙之中多次下基层慰问演出。其中,梅兰芳就多次携女儿梅葆玥、儿子梅葆玖来到北京门头沟区矿区慰问矿工,为京西矿工们无偿义演。

图12是一张翻印于1961年的照片,背后文字注明原照摄于1958年1月,反映的是梅兰芳访问北京京西矿区时和矿工陈荣交谈的情景,摄影者为新华社高级记者、时任新华社摄影部中央新闻组组长的吴化学。

照片中的梅兰芳,身着浅蓝色毛领大衣,鸭舌帽上罩着一顶带灯安全帽,正开心地和矿工陈荣交谈着,陈荣脸上洋溢着灿烂的笑容,丝毫没有见到名家时的那种拘谨感。

相关资料记载,在演出的矿区礼堂,虽只能容纳一千多人,但每次都能涌入三四千人之多,可见梅兰芳大师当时人气之高以及群众对传统京剧文化的喜爱。

梅兰芳在抗战期间蓄须明志,不再登台表演的家国情怀早已深入人心。而梅兰芳多次携子女下基层义演,与群众打成一片,见证了梅兰芳为民服务的奉献情怀。也正如1959年国庆十周年,当时六十五岁的梅兰芳创作了为国庆献礼的新戏《穆桂英挂帅》,戏中人物五十三岁的民族英雄穆桂英,报国之心占上风,精神抖擞,决定挂帅出征,有一句戏词:"难道说我无有为国为民一片忠心!"这正是对梅兰芳、对京剧名家、对京剧国粹艺术最好的诠释。

图 11：梅兰芳照片

图 12：梅兰芳为京西矿工义演

国剧宗师长眠净地

谭鑫培（1847—1917），京剧"同光名伶十三绝"之一，工老生，本名金福。因堂号英秀，人又以英秀称之。湖北江夏（今武昌）人，幼年随父到北京，入金奎科班习艺，学老生。谭鑫培为京剧老生的表演艺术开拓了新的天地，影响深远，是京剧表演艺术承前启后的一代宗师，是京剧老生"谭派"创始人。1905年位于北京前门的"大观楼"首映谭鑫培主演的《定军山》，是中国历史上第一部黑白无声电影，标志着中国电影的诞生，谭鑫培成为中国电影第一人。

保留的资料记载，谭鑫培生前信奉佛教，广交京城内外名刹古寺长老。谭鑫培在光绪二十年（1894）春，在戒台寺住持盛老和尚的座下求受五支净戒，从此与戒台寺结下不解之缘。由于谭鑫培颇谙佛理，人们尊称他为谭居士。他受戒后，闲暇时常来寺中小住，多次捐款修建寺内殿堂。正是由于谭鑫培与戒台寺有这种关系，谭鑫培在生前曾跟盛老和尚的弟子妙老人提出，死后将遗体安葬在戒台寺的想法。妙老人深知谭鑫培信佛的初衷和20载的道侣情谊，同时根据他对戒台寺的贡献，愿拿出属于戒台寺的香火地12亩庙产给谭居士修墓，并在园内植了几百棵柏树和杨树，并在墓园转角处立有青石界碑，上刻"英秀堂"。

谭鑫培茔地碑碑文：（碑文拓片高90厘米，宽62厘米，正书，原碑文无标点，碑文拓片见《中国历代石刻拓本汇编》，中州古籍出版社，109页。）

伏以五伦之中曰君臣，曰父子，曰夫妇，曰昆弟，曰朋友。人生斯世，莫不以此为大纲，而朋友一道尤须以信义为重，儒择歧途，理无二致。兹因谭居士印金福字鑫培，籍隶本京，具有凤根，生而好佛。成立后遍参都城内外名刹长老，因羡佛旨之慈悲，所积资财辄随地施与，行之既久，颇有所悟，于禅宗一门尤有心得。因发心于清光绪二十二年春季在京西戒台万寿寺盛老和尚座下求受五支净戒，二十年来持戒维谨，恒念得戒常住之深思，毫无极称，遂力以护庇，常住为

图13：谭鑫培《定军山》剧照

图14：前门大观楼

己任。与戒台前代主席妙老人机锋相对，谊若弟昆焉，虽有僧俗之殊形，而其心心相印，若合符节。因念人生若寄泡影驹光，一旦无常向何处晤佛耶？暖商之于妙老人，愿假寺中一席净地，永作佳城。俾他日百年得以遥对金客，方遂夙愿。妙老人亦念廿载之道侣，不忍相违，遂将寺中茶棚地十二亩让之谭君，亦遂善念，立有石桩为界，今兹戒台寺当代主席达文和尚踵先师之遗志，为之栽种树木，修造坟园，督工营造，次第告成。因念此事之端末，胥由两造之感情，而发生他年勿论。何人不得擅伐树木及发生他种情弊。其看坟工人亦由寺中代为就近查看，俾可永久，现届竣工，用特两造，公同勒石，以志兹事之缘起，而作凭证云尔。

中华民国四年　月　日

谭君鑫培居士

戒台主人达文

谭鑫培墓位于今北京门头沟区永定镇栗园庄村，墓园在20世纪60年代曾一度遭到破坏，无人保护，年久失修。2005年，北京市委市政府拨专款，由北京市文物局和门头沟文化委员会在原墓址对谭鑫培陵墓进行了精心修缮。修缮后的陵墓占地约500平方米，坐南朝北呈方形，四周建有古朴素雅的青灰色围墙，院中可瞻仰墓碑和坟冢，种植苍松翠柏。正面石门上写着四个大字："国剧宗师"，两侧楹联是梁启超的诗句："四海一人谭鑫培，声名廿载轰如雷。"墓前立一碑，正面刻字："曾祖谭鑫培墓""曾孙谭元寿重立"。碑背面是谭鑫培的生平事迹，由戏曲界名人刘曾复、和宝堂撰文，93岁的王琴生手书。

在墓园西墙下有一短碑，就是戒台寺住持达文于民国四年所立。一代伶界大王枕着北京的母亲河——永定河的涛声，安眠于京西戒台寺的福土净地，了却平生夙愿。今人的修缮，史是告慰这位京剧泰斗的在天之灵。

图15：谭鑫培墓

图16：谭鑫培墓正门

图17：谭鑫培墓碑和坟冢

永定河文化的快乐传播者

永定河文化的缘起

永定河文化是以永定河流域为研究对象，以门头沟为研究重点的跨省市的地域文化。其研究既为门头沟经济社会发展服务，又为首都北京发展服务，还有为流域各地发展服务的广阔前景。

"永定河文化"命题是门头沟文化人首先提出的，已经有二十多年历史了。20世纪80年代中期门头沟区博物馆为了繁荣地方文化事业，成立了"文博之友学社"，当时发起会员6人，安久亮是会长。著名学者钟敬文为学社题写了社名。文博之友学社在讨论家乡文化冠名时，提出了永定河文化命题，随后开始对门头沟永定河沿岸的村落进行文化调查，并以《永定河文化》为刊名编辑了四集油印刊物。"永定河文化"被文博之友学社最早落实到了纸面上，这就是永定河文化研究的初始。

现在在永定河文化博物馆里，收藏了最早的《永定河文化》刊物。但那个时候的永定河文化研究，处于知识萌芽的阶段。

图1：1989年《永定河文化》期刊

图2：《文博之友》与《永定河文化》

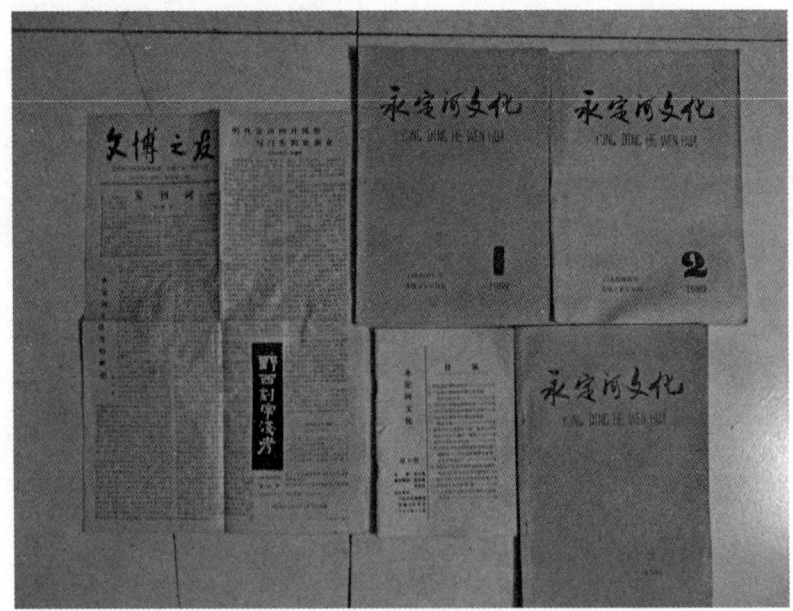

21世纪，我国进入了加速现代化进程的新阶段，文化事业发展进入黄金时期，地方文化迅速崛起。北京各区县陆续打出自己的文化品牌，宣南文化、运河文化、卢沟桥文化、长城文化等应运而生。与此同时，门头沟区的一批有识之士酝酿将永定河文化打造成为门头沟区文化品牌的问题。2001年门头沟柏川文化旅游服务中心邀请北京有关部门的专家学者和本区的文化工作者研讨永定河文化。与会者认为永定河是北京的母亲河，永定河文化底蕴深厚，内容丰富，研究永定河文化意义深远，前途光明，是促进门头沟各项事业发展的有效途径。

2002年年初，在门头沟区政协会议上和门头沟区人大会议上，代表们分别提出打造永定河文化品牌促进门头沟发展的提案、议案，受到区委区政府的高度重视。区委宣传部围绕这个课题进行了调研，并向区委呈交了研究报告。2003年夏季区委宣传部邀请北京市有关的专家学者和新闻工作者到门头沟区进行考察，在此基础上编辑出版了《永定河——北京的母亲河》一书。2004年4月门头沟区委区政

图3：21世纪初的永定河文化资料

府召开永定河文化研讨会，市、区一百多位专家学者和多家新闻媒体参加。会上门头沟区委区政府正式对外界宣布：打造永定河文化品牌，以此促进门头沟社会经济发展。会后多家新闻媒体进行了报道，产生了强烈的社会反响。北京市社科院研究员尹钧科先生撰文说："近年来，门头沟区的同志提出了'永定河文化'这个全新的概念，并将以'永定河文化'为品牌开创门头沟经济社会发展的新路子和新局面，我认为这是一个有眼光、有智慧、有前途的创意，适合门头沟的区情。"

永定河文化研究会的成立

2005年由中共门头沟区委、区政府倡导，门头沟区内外三十个单位和五十四位个人自愿联合发起成立永定河文化研究会。北京永定河文化研究会是门头沟区专门从事永定河文化研究的社会团体，区政府每年支持一定数量的办公经费。北京永定河文化研究会以弘扬永定河文化，丰富北京文化，逐步打造永定河文化品牌，促进区域经济社会和谐发展为目的，独立开展永定河文化研究工作。北京永定河文化研究会立足门头沟，服务北京市，放眼整个流域。与流域内各地的专家学者有识之士共同进行永定河文化研究开发工作。

北京永定河文化研究会成立，标志着永定河文化从民间分散自发的研究活动，走向由地方政府支持的有组织有领导的研究活动。

在北京永定河文化研究会成立大会上，研究会顾问段天顺建议："研究会的工作要从调查研究开始，不要太封闭。不要急功近利，要从长远考虑。研究要有近期目标，还要有长期结果的研究。研究可以广泛一些，人文的、考古的、历史的、民俗的、自然的、生态环境的、水利的研究都要进一步开展。只有进一步开展研究，才能看得清楚。""假以时日，开展调查研究，对维护、涵养母亲河一定会有好处。"

永定河文化研究会成立后，在门头沟区政府的大力支持下，研究会在前人的基础上，积极开展永定河文化的挖掘、研究、整理工作。一方面是全流域的研究，把重点放在门头沟；另一方面是深入基层，挖掘民间文化。特别是近几年取得了丰硕的研究成果，产生了较大的社会影响，把"永定河文化"推向了高潮。永定河文化已经成为首都北京的三个文化带之一，对促进门头沟区域经济发展，促进北京历史文化名城建设发挥了积极作用。

他是永定河文化研究会的引擎

永定河文化的魅力，吸引了一批有着文化自觉的才子能人，聚拢到了永定河文化研究会。这些年，可以说最艰苦、最原始、最基础、抢救性的工作，都是永定河文化研究会的团队完成的。而说到这些人，首先要提的就是永定河文化研究会的会长张广林。

张广林从小就生活在永定河畔，在参加工作以后，也"住在永定河边上"。很长一段时间以来，在他的记忆中，永定河虽然喜怒无常，却澎湃而充满生命力。雨季来临的时候"洪水滚滚，什么花果梨桃都有冲下来"。但随着沿岸工厂、水库的设立，用水量增加等原因，永定河迅速断流和被污染，这让张广林非常担忧。不仅如此，永定河所哺育的文化，也如所有传统文化一样，在现代化、城市化的洪流中摇摇欲坠。

从年轻时参加工作到现在，用张广林自己的话说，是"一直没有离开过文化"。从小学把身边的好人好事写成广播稿，到公社时做宣传报道工作，再到区委宣传部、文化文物局、文委、文联，最后到现在的永定河文化研究会，张广林一直在跟文化打交道。

2008年，年满六十的张广林从职位上退下来，成为永定河文化研究会的第二任会长，并一直做到现在。在担任永定河文化研究会会长这十年，张广林犹如研究会的引擎，推动着永定河文化研究不断前进。一方面作为一个公益社团，研究会几乎没有收入来源。张广林为研究会争取了很多必要的经费和资源，让研究会能够顺利稳定地运行下去；另一方面张广林深知人才的重要，凭着多年的管理经验，不断从各方吸纳研究力量，博采众长。如果说这些研究永定河文化的专家、学者、才子、能人，像一颗颗闪亮的珍珠，张广林则如同一根线，把这些珍珠串联起来，而成为一条完美的珍珠项链。张广林常说："我就是迈石，是桥梁，为大家服务。"

张广林带着对家乡文化的珍视，带着对母亲河的敬畏，凭着敏感的文化嗅觉，组织挖掘、整理、出版了一百多套永定河文化研究成果。研究会每年四期的《永定河》杂志和《北京史地民俗》杂志，所有的内容和文字也是他来把最后一道关。

他说："把母亲河的事情做好，这是我们这一代人义不容辞的责任。把文化整理好，更是我们的义务，也是造福后代子孙的一件事。"

他们是永定河文化研究会的左膀右臂

安全山和袁树森，都是土生土长的门头沟人。他们是永定河文化研究会有名的快手，大量研究成果，也包括一些基础性的素材，都出自他们的笔下。他们是永定河文化研究会当之无愧的左膀右臂。

68岁的安全山，出生在门头沟的安家滩村，也就是几条古道的交汇地王平口附近，他从小就在古道上玩耍。"门头沟出煤，我们村曾因以煤矸石为原料烧制的砂锅而出名"。为补贴家用，他小时候就常背着自家烧制的砂锅沿着京西古道，去附近的村子里卖。安全山走过的古道，真的数不过来，连安全山自己都不记得，去过太多太多次了……安全山真的是用脚一步一步地丈量着古道。京西古道上的每一道沟壑更是清晰地刻印在他的脑海里。

自1992年开始考察京西古道，这俨然已经成为安全山生活中的重要部分。在安全山简朴的家中，满眼都是与京西古道有关的各种资料。他凭借着踏遍京西古道，绘制而成甚为详尽的《京西古道路线图》，并完成了《京西古道》等10余部书的编写，传播着京西古道文化。

"京西古道起源比较早，它不是因为某一个历史时期或事件引出来的，而是伴随着永定河流域的古人类迁徙活动而产生的。"说起古道，安全山眼里满是深情，"京西古道是文化的传递和延伸，是鲜活的，一草一木，都有故事。你要去看一看，走一走，那些都是有生命的"。

袁树森是城子村人，老家在石景山北辛安。从事煤矿工作，年轻时学习过中文专业，三十多年前就是早期研究永定河文化的一员，如今已经是研究会的副会长了。

因为文笔好，笔头快，对门头沟文化谙熟，会长张广林需要的急活，通常都是由袁树森揽下来。他不仅自己出版了很多有关永定河的煤业文化、民俗文化等相关专著，而且还为研究会提供了大量基础性素材。

不得不提的是，这些年，安全山和袁树森相继罹患癌症。然而他们二人举重若轻，表现出了坚强和乐观主义精神，在与病魔抗争的几年里，都没有停下永定河文化研究的工作。"既然活着，那不得干点事吗？"袁树森平和地说。安全山走起京西古道依旧步履轻盈，如履平地，"一天走几十公里都不算是个事"。

他们说，永定河文化给了他们第二次生命。

他们是永定河文化的"传道授业解惑"者

"师者，传道授业解惑也。"赵永高和刘德全，都是老师，也都是永定河文化的传播者。

74岁的赵永高，有着十年的教书生涯，是门头沟沿河城学校的老师。后任沿河城乡的党委书记，并从门头沟档案史志局退休。赵永高对民俗文化情有独钟，说起门头沟的民俗、民谣、老话儿、顺口溜，赵永高如数家珍。"元代，有'鬼眼'一说，指的就是永定河畔飞扬的风沙；到了明代，又有了'五斗论'，说的是这永定河里的泥沙；民国时代，还被人戏称为'芝麻酱'；到了近现代，就更甭说了，'家雀儿都是黑的'。"

"一无所求，重在做事。"赵永高就是凭着这样的初心，在永定河文化研究的道路上耕耘，并以一个师者的身份，传播着永定河文化。

同是74岁的刘德全，也曾做过老师。他可以说是永定河文化研究会的元老了。

刘德全在门头沟石门营中学当过十年的历史老师，为了给学生补充地方文化，开始研究永定河文化，并在学校出了本永定河文化的小册子。在第一届永定河文化研究会的领导班子里，他就是骨干。

"当时研究会也就十几个人，想要把门头沟这将近200个自然村里的古迹、风俗都整理清楚，可不是一件容易的事。"据刘德全回忆，在学会成立之初，工作的重点是整理《门头沟村落文化志》。2006年到2007年这段时间，研究会动员了一百多名"群众调查员"，一村一篇，一镇一卷，听起来这是一项"不可能完成的任务"，然而他们竟然真的做到了。

永定河流域，可以称得上是一座天然的地质博物馆了，这里的各种地质奇特景观数不胜数。据了解，京西地区早在1916年就成了国家地质研究所的重点调查区域之一。出于对地质学的兴趣爱好，刘德全从1987年开始，三十多年来，关注门头沟的地质文化、水文化，以及古人类文化，长年坚持不懈从事野外考察和研究工作，还养成了一个随手采集古陶片的习惯。

前些年，刘德全将在永定镇卧龙岗、石门营、王村、冯村等地采集的一批石器、陶器、陶片捐赠给了永定河文化博物馆。现在永定河文化博物馆通史展第一展台里的石器、陶片，就是刘德全捐赠的。

她们是"永定河的女儿"

在永定河文化研究会里，还活跃着侯秀丽和尤书英两位女同胞，她俩被大家风趣地誉为"永定河的女儿"。这也是大家对她们二位从事永定河文化研究的认可和美誉。

侯秀丽原本是教师进修学校的一位老师，之前从事了20多年的师资培训。在永定河文化倡导者刘德全的引领下，她也逐渐走上了这条永定河文化研究的道路。钻进图书馆查资料，拜访求教相关的文化专家，利用多年积累的人脉和经验，她还多次组织了北京的专家学者到永定河上下游进行考察，开展学术交流。经过十几年的打拼，侯秀丽已然从一个"对永定河饱含深情的人"，成长为北京知名的永定河文化专家。她还参加了北京永定河生态走廊建设的文化规划、北京电视台《大西山》纪录片摄制等大量工作。

"最早，是我爱人骑着摩托车，我坐在后面，他带着我，就沿着永定河考察、采风。后来家里有了汽车，我俩就开着汽车一趟一趟地沿着永定河跑。家里人也特别支持我。"

家住侯庄子的侯秀丽，"一辈子都生活工作在永定河畔"。她亲眼见证了永定河从波涛汹涌到干涸断流，再到生态修复的全过程。"现在是我们回报母亲河的时候了。"

她走进门头沟、石景山、海淀、丰台、大兴等永定河沿岸的多所中小学和机关社区，开展永定河文化的讲座近百场。只要有学术需要，她都无偿地提供这么多年来她收集到的相关资料和照片，"知之愈深，爱之愈切。永定河养育了我们，也成就了我们。"

66岁的尤书英，从小生活在永定河畔。"我就是在永定河边长大的，在童年的记忆里，最不能忘却的就是这条河。上小学的时候，每天放学回家都要到河边去

图4：永定河畔的芦苇

看看。记忆最深刻的就是观察小蝌蚪,怎么从一团一团的小黑点,逐渐变为浅褐色,最后变为小青蛙。这是每天放学的一桩心事。春天,是枯水季,河水浅,清澈见底。到了夏天,在河里嬉戏、游泳,就成了大人和孩子们的最爱。"尤书英说,"秋天的永定河宛若童话,一片片的芦苇和蒲棒随风摇曳,芦花和蒲绒漫天飞舞;到了冬天,永定河就成了一个免费的游乐场,人们滑冰、溜冰车、抽陀螺,冰雪中的永定河回荡着欢笑。"四季流转,永定河的美,千变万化。

没有历史、考古的专业背景,却因为痴迷于永定河的历史文化,尤书英开始提笔写作。她的第一本书《北京古村落记忆——门头沟》于2009年出版。这一写,就一发不可收。2014年,永定河文化研究会会长张广林又交给了她一项更艰巨的任务——执笔《永定河史话》一书。前期的准备工作庞杂而琐碎,尤书英不仅通读了《北京通史》、清代《永定河志》和续志、《永定河治本计划》,还浏览了大量资料。"我对永定河强烈的感觉还停留在童年,而现在的永定河已经不是当年那样了。从源头到入海口,我一定要再亲自看一看。"

历时三年,与老伴儿自驾3000公里考察,从源头到入海口,上至山巅,下至峡谷,走遍700多公里的永定河。2017年,凝结着尤书英心血的30万字的《永定河史话》正式出版完成了,并获得了业界的一致好评。

永定河文化正芳华

永定河文化研究会的团队,是一群默默工作的身影。除上述提到的主要成员,还有活跃在基层的收集民间艺术的杨德林;研究京西戏曲的谭怀孟;从门头沟区人大常委会副主任的岗位上退下来的研究会首席专家谭杰等。

在整个研究会团队的共同努力下,永定河文化的相关著作,从古道、古村、古渡口,到民间戏曲、民俗文化、宗教文化等,这些资料涵盖了方方面面。出版著作之外,研究会的成员也会在电视、报纸等媒体做宣传,到大学的讲堂上做讲

图5：永定河与桥

图6：永定河开河景象

座。张广林会长说："我们就通过宣传，让更多的人感受到永定河文化，把这些文化传承下去，我们打心眼儿里高兴。"

2018年8月，北京电视台8集大型人文地理纪录片《永定河》播出。永定河走进了千家万户，无数目光聚焦在"永定河"。

小学四年级的刘济瑞小朋友从头看到尾，看完了《永定河》纪录片，还写了暑假作文，作文的名字是《谁是北京城的妈妈?》

刘济瑞是一个十岁的孩子，瑞瑞第一次知道永定河来自爷爷讲的故事。爷爷曾经长期在部队工作，战备期间的工作岗位就是在大山里的永定河畔，雁翅、大村、军响都是他工作过的地方。爷爷给瑞瑞讲到曾和战友一起去河里捞虾，以及他和战友在紧张的战备中度过的一个个不眠之夜。

瑞瑞的爸爸在东方广场上班，他作文中写道："我爸爸在王府井东方广场上班。有一次聊天，他说建设东方广场时，曾发现了几万年前的河道和人类活动遗迹。这些遗迹或许包含着北京城由来的秘密。听到这些我感到不可思议，难道长安街下面曾经是河流? 这些河流还造就出了北京城?"

"最近看了北京电视台播出的纪录片《永定河》，我又翻看了尤书英奶奶写的《永定河史话》一书，好像有点明白了。"瑞瑞在作文中写道。这里，你仿佛看到了永定河文化研究的青苗、希望，以及文化传承的后继有人……

瑞瑞的爷爷问他，你看完电视节目，想过为什么要播放这样一部片子吗? 瑞瑞回答："知道，是为了保护好祖国的绿水青山!"

后　记

当我看完《行走京西》书稿正是黎明时分。抖开窗帘远眺东方，只见霞光灿烂。在美丽的京西古道上仿佛走来一位年轻人。她步履坚定，目视前方。洒满霞光的脸上，既有年轻人的朝气，也有成年人的自信和成熟。

她就是京西文化的耕耘者——魏宇澄。

我和小魏相识在10年前。那时我还没有退休，在门头沟区文联当主席。有一天来了母女俩找我，并拿出了一封信。原来是燕山出版社总编辑赵珩写来的，信中介绍了母女俩的情况。她们是古村落的爱好者，特别对古建中构件如石雕、砖雕等有研究，而且走了百余村落，拍摄了几千张照片，希望出本书。经过认真地交谈和观看照片，我心中的敬意油然而生。她们的工作比我们的某些专业人员还认真、细致。于是我当即决定，再困难也要帮助她们出本研究古村落的书，这也是我们分内的工作。于是我们先出版了《北京古村落记忆·门头沟》，后又在第五套文化丛书中出版了《门头沟古村落建筑装饰文化》。从此我们打了10年的交道。

在这10年中，小魏又帮助我们出了《京西太平鼓》一书。更可贵难得的是她出于对京西文化的热爱，还帮我们采写了大量重大活动的新闻稿，如戒台寺抢险大修、永定河文化人的介绍等，是我们永定河文化研究会扛大梁的人。2017年被研究会聘为永定河文化专家组成员。

小魏文笔明快、清新，是老年人和青年人都喜欢的作者。她为人低调厚道，

对写作态度严谨、认真。《行走京西》是她十几年来的写作汇编。但对京西文化来讲，她其实是在抛金撒银、彰显京西文化。书中许多篇章都是她的倾情之作，她不仅研究文化，还在研究经济。在《试析京西煤窑契约涉及的股份制与货币制度》中她对早期契约的研究很见功底，填补空白。作为老朋友的我在祝贺她系列作品出版发行的同时，更关注她的未来。我相信经过小魏不懈的努力和辛勤的耕耘，未来的小魏定将收获满满。

《行走京西》的出版发行不仅是她个人的收获和历练，也是她在为我们家乡的文化，为永定河文化研究添砖加瓦。

魏宇澄是真正的"永定河文化人"。

张广林

2019 年 9 月 15 日

中秋节于妙峰书院

（作者为北京永定河文化研究会会长）